Bwyta'n Iach
- hwyl wrth goginio!

Un o lyfrau Dorling Kindersley
www.dk.com

Y fersiwn Saesneg
Teitl gwreiddiol: *Children's Healthy & Fun Cookbook.*
Cyhoeddwyd gan © Dorling Kindersley Ltd, 80 The Strand, Llundain WC2R 0RL.
Cedwir y cyfan o'r hawliau. **Hawlfraint © 2007 Dorling Kindersley**

Y fersiwn Cymraeg
Cyhoeddwyd gan © Atebol, Adeiladau'r Fagwyr, Llanfihangel Genau'r Glyn,
Aberystwyth, Ceredigion SY24 5AQ
Cedwir y cyfan o'r hawliau. **Hawlfraint © 2008 Atebol**

ISBN: 1-905255-64-0

Cyflwynwyd i
Elli Glyn, Harri Elis, Rhys Morgan, Efa Fflur a Gruff Glyn
dyfodol bwyta'n iach yng Nghymru!

Diolch i staff Caffi Blue Creek, Lôn Rhosmari, Aberystwyth am eu cyngor wrth baratoi'r gyfrol hon. Paradwys bwyta'n iach ar arfordir gorllewin Cymru.

Bwyta'n Iach
- hwyl wrth goginio!

Nicola Graimes
Addasiad Cymraeg gan
Siôn Glyn Saunders Jones a Glyn Saunders Jones
Lluniau gan Howard Shooter

Cynnwys

Tatws Pob
tud. 35

Sgrynsh Mefus
tud. 24–25

Iogwrt Ffrwythau
tud. 86

Pasta Tiwna
tud. 58–59

Pobi

Pwdinau

Geirfa

Mynegai

Rholiau Bara Blodau'r
Haul
tud.122–123

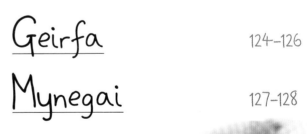

Cyflwyniad

Mae'r llyfr hwn yn dangos pam fod bwyta'n iach yn bwysig. Hefyd mae'n dangos sut mae gwneud yn siŵr fod eich diet yn flasus ac yn gytbwys. Mae yma sawl syniad ar gyfer prydau cytbwys i frecwast, prydau ysgafn blasus a phrif brydau grêt. Mae yma fwyd i blesio pawb - hyd yn oed y rhai hynny ohonoch chi sy'n anodd eich plesio! Peidiwch â phoeni mae yma ddigon o ryseitiau pwdin, cacennau a bisgedi blasus - pob un yn cynnig dewis iachus.

Dechrau coginio

1. Cofiwch ddarllen y rysáit yn ofalus cyn dechrau coginio.

2. Golchwch eich dwylo, clymwch eich gwallt (os yn berthnasol) a gwisgwch ffedog.

3. Casglwch y cynhwysion a'r offer coginio i gyd at ei gilydd cyn dechrau coginio.

4. Dechrau coginio!

Byddwch yn ofalus! Mae'r arwydd yma yn dangos fod angen cymryd gofal. Mae'n golygu popty neu ffwrn boeth neu gyllyll miniog.

Efallai y bydd angen help arnoch chi pan welwch yr arwydd yma. Peidiwch â bod yn swil i ofyn am help!

Coginio yn ddiogel

Mae coginio yn hwyl ond mae angen bod yn ofalus gyda gwres ac offer miniog.

- Cofiwch ddefnyddio menig popty wrth afael mewn sosban, hambwrdd neu bowlen boeth.
- Peidiwch â rhoi sosban neu dun poeth ar wyneb gweithio y gegin – defnyddiwch fat, rac neu fwrdd torri sy'n gwrthsefyll gwres.
- Gafaelwch yn yr handlen yn dynn i gadw'r sosban yn gadarn wrth droi bwyd.
- Trowch handlen pob sosban oddi wrth y gwres a blaen y popty. O wneud hyn byddwch yn llai tebygol o daro'r sosban drosodd.
- Bydd angen gofal arbennig pan welwch yr arwydd diogelwch coch.
- Gofynnwch i oedolyn eich helpu bob tro y byddwch yn gweld yr arwydd diogelwch gwyrdd.

Glendid yn y gegin

Mae diogelwch yn bwysig iawn mewn cegin. Yr ail beth pwysig ydy glendid. Dyma i chi rai rheolau glendid sy'n bwysig i chi eu cofio.

- Cofiwch olchi eich dwylo cyn dechrau coginio. Cofiwch wneud hynny ar ôl trin cig sydd heb ei goginio.
- Cofiwch olchi ffrwythau a llysiau yn ofalus.
- Defnyddiwch fwrdd torri gwahanol ar gyfer cig a llysiau.
- Gofalwch eich bod yn cadw'r ardal goginio yn lân. Byddwch angen clwt i lanhau unrhyw fwyd sy'n cael ei golli.
- Cofiwch storio bwyd wedi'i goginio a bwyd sydd heb ei goginio ar wahân.
- Cofiwch edrych ar y dyddiadau 'bwyta cyn…' ar gyfer y cynhwysion i gyd. Peidiwch â defnyddio unrhyw fwyd wedi'r dyddiad yma.
- Cofiwch gadw cig a physgod yn yr oergell hyd nes y byddwch yn barod i'w defnyddio. Gwnewch yn siŵr eich bod yn coginio'r bwyd yn drylwyr.

Wyddoch chi?

Pobl ydy'r unig greaduriaid ar y Ddaear sy'n bwyta bwyd wedi'i goginio. Mae pob creadur arall (ar wahân i anifeiliaid anwes) yn bwyta eu bwyd heb ei goginio.

Defnyddio'r ryseitiau

Mae'r ryseitiau yn cynnwys llawer iawn o wybodaeth. Maen nhw'n dangos sut i goginio'r bwyd yn ogystal â dangos dewisiadau eraill. Maen nhw hefyd yn cynnig cyngor yn ogystal â chynnwys gwybodaeth ddiddorol am y bwyd yr ydych yn ei fwyta.

Chwiliwch am gyngor ar sut i goginio

Gwybodaeth am yr adran y mae'r rysáit yn rhan ohoni

Edrychwch yma am fanylion am amserau paratoi a choginio

Mae'n bosibl addasu pob rysáit i siwtio chi

Ffeithiau diddorol

Dysgwch pam fod rhai bwydydd yn iachus

Casglwch y cyfan o'r cynhwysion a'r offer cyn eich bod yn dechrau coginio

Lluniau yn dangos sut mae'r bwyd yn cael ei baratoi fesul cam

Ffrwythau a Llysiau

Mae bwyta digon o ffrwythau a llysiau yn rhan hanfodol o fwyta diet iach. Mae rhai gwyddonwyr yn credu fod bwyta ffrwythau a llysiau yn eich helpu i fyw yn hirach. Gall bwyta ffrwythau a llysiau eich helpu i gadw rhag afiechydon fel canser a chlefyd y galon.

Dylech fwyta o leiaf pump cyfran o ffrwythau a llysiau bob dydd. Mae un gyfran yn cynnwys, er enghraifft, un afal, llond llaw o rawnwin, un oren, un kiwi, 2-3 blodyn brocoli, powlaid o salad neu unrhyw beth sy'n cyfateb i tua llond llaw o ran maint.

Pam fod ffrwythau a llysiau yn dda i chi?

Mae ffrwythau a llysiau yn dda gan eu bod yn cynnwys fitaminau, mwynau, ffibr a ffytogemegau. Mae'r ffytogemegau hyn yn rhoi lliw, blas ac arogl i'r ffrwythau a'r llysiau yn ogystal â'u gwneud yn iachus.

Be sydd ddim yn cyfrif?

Mae yna rai bwydydd sydd ddim yn cyfrif ar y rhestr 'pump-y-dydd'. Dydy'r ffrwythau a'r llysiau hyn ddim yn cyfrif gan fod gormod a startsh ynddyn nhw, neu dydyn nhw ddim yn cynnwys digon o ffrwythau neu lysiau. Mae'r rhain yn cynnwys:

- **Tatws, iams a thatws melys**
- **Sôs coch a'r saws tomato mewn ffa pob (er bod y ffa yn cyfrif)**
- **Diodydd sydd wedi'u blasu â ffrwythau, e.e. sgwash**
- **Iogwrt ffrwythau sy'n cael eu prynu mewn siop**
- **Jam neu farmaled sy'n cael eu prynu mewn siop**

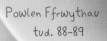

Powlen Ffrwythau
tud. 88-89

Rwy'n gallu bwyta ...lliwiau'r enfys

Mae ffrwythau a llysiau yn rhoi lliw i unrhyw ddiet iach a chytbwys. Mae ffrwythau a llysiau gyda maetholynnau gwahanol.

Coch

Mae ffrwythau a llysiau coch fel tomatos, puprau melys, mefus, grawnwin a cheirios yn ffynhonnell wych o Fitamin C. Maen nhw'n amddiffyn y corff rhag afiechydon. Maen nhw hefyd yn cadw'r croen, y gwallt a'r ewinedd mewn cyflwr da.

tomatos

Melyn

Carotenau sy'n rhoi'r lliw melyn mewn ffrwythau a llysiau melyn fel bananas, puprau melys, corn melys, melon a phinafal. Mae'r carotenau yma yn amddiffyn y corff rhag canser ac afiechyd y galon.

puprau melyn

Oren

Mae ffrwythau a llysiau oren fel moron, pwmpen, sgwash, mango, bricyll a phuprau melys yn cynnwys llawer iawn o beta caroten a fitamin C. Mae beta caroten yn wych i roi hwb ychwanegol i'r corff i'w amddiffyn rhag afiechyd. Mae gwaith arbrofol yn dangos bod fitamin C yn lleihau effeithiau annwyd yn sylweddol. Beth am roi cynnig ar fwyta pwmpen neu sgwash - maen nhw'n cynnwys mwy o feta caroten na moron!

orennau

Gwyrdd

Mae llysiau fel brocoli, bresych a sbrowts yn cael eu cyfrif fel llysiau gwych. Maen nhw'n gyfoethog mewn fitaminau a mwynau - yn arbennig felly beta caroten, fitaminau B ac C, haearn, potasiwm a chalsiwm - maen nhw i gyd yn amddiffyn y corff rhag afiechydon.

brocoli

Wyddoch chi?

Weithiau, mae'n anodd iawn cael diet cytbwys. Y ffordd orau ydy bwyta amrywiaeth o ffrwythau a llysiau gwahanol. Gallwch eu bwyta yn ffres, wedi'u rhewi, mewn tun neu wedi'u sychu.

Porffor

Mae ffrwythau a llysiau porffor fel grawnwin, planhigyn wy (aubergine), cyrens duon, llus (blueberries), mwyar duon, ffigys, betys a bresych coch yn llawn fitamin C. Maen nhw hefyd yn cynnwys bioflavonoids sy'n helpu'r corff i amsugno fitamin C ac yn lleihau poen os ydych chi'n cael damwain neu'n cleisio.

llus

Bwydydd Startsh

Mae bara, grawnfwydydd, reis, pasta a thatws i gyd yn fwydydd startsh. Dyma'r bwydydd yr ydym yn eu galw yn garbohydradau. Dyma'r bwydydd sy'n rhoi egni i'r corff. Dylai'r bwydydd yma fod yn rhan bwysig o bob pryd bwyd. Maen nhw hefyd yn cynnwys ffibr, fitaminau a phrotein. Mae bwydydd sy'n cynnwys siwgr hefyd yn fathau o garbohydradau. (Edrychwch ar dudalennau 14-15.)

Mae'n bwysig eich bod yn bwyta 4-6 cyfran o garbohydradau bob dydd. Mae'r union gyfran yn dibynnu ar eich oedran. Cyfran ydy 1 tafell o fara, cyfran o reis, cyfran o basta, 1 daten neu bowlen o rawnfwyd brecwast.

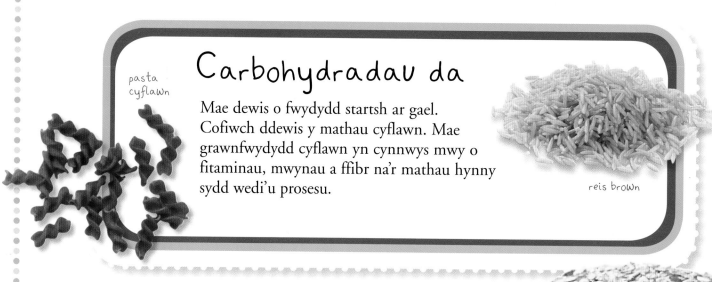

Carbohydradau da

pasta cyflawn

Mae dewis o fwydydd startsh ar gael. Cofiwch ddewis y mathau cyflawn. Mae grawnfwydydd cyflawn yn cynnwys mwy o fitaminau, mwynau a ffibr na'r mathau hynny sydd wedi'u prosesu.

reis brown

Bara

Y mathau gorau o fara ydy'r rhai sydd wedi'u cynhyrchu o flawd cyflawn. Mae'r bara yma yn cynnwys fitaminau B, fitamin E a ffibr. Does dim ffibr mewn bara gwyn er bod rhai fitaminau a mwynau. Mae digon o ddewis o fara:

- **Tortilla**
- **Pitta**
- **Bagels**
- **Bara soda**
- **Bara rhyg**
- **Foccacia**
- **Ciabatta**

Bara Ceirch — tud. 106

Grawnfwydydd

Mae grawnfwydydd yn cael eu tyfu ers canrifoedd ar draws y byd. Mae hadau'r grawnfwydydd hyn yn cael eu defnyddio i baratoi bwydydd gwahanol. Maen nhw hefyd yn isel mewn braster.

- **Gwenith**
- **Rhyg**
- **Quinoa**
- **Milet**
- **Gwenith yr hydd** *(Buckwheat)*
- **Cwscws**
- **Gwenith bulgar**

Grawnfwyd brecwast – tud. 16

Reis

Mae reis yn boblogaidd mewn sawl gwlad. Yn India, China a Japan mae reis yn rhan bwysig o'r diet.
Mae yna ddewis o reis ar gael:

- **Grawn-hir** *(long grain)*
- **Grawn-byr (pwdin reis)**
- **Basmati**
- **Arborio (risotto)**
- **Reis gludiog (sushi)**

Jambalaya – tud. 76-77

Ffibr

Mae bwydydd startsh yn ffynhonnell dda o ffibr yn y diet. Mae'r bwydydd yma yn dod o blanhigion. Bwydydd sy'n uchel mewn ffibr ydy bara cyflawn, reis brown, pasta cyflawn a grawnfwydydd brecwast cyflawn. Mae'r rhan fwyaf o'r rhain yn cynnwys ffibr anhydawdd. Er nad ydy'r corff yn gallu treulio'r math hwn o ffibr, mae'n helpu symudiad bwyd a chynhyrchion gwastraff drwy'r coluddion ac yn cadw'r perfedd i weithio. Mae ceirch a chorbys yn cynnwys ffibr hydawdd sy'n cael ei dreulio gan y corff.

ceirch

Tatws

Mae yna gannoedd o datws gwahanol yn cael eu tyfu. Mae rhai ohonyn nhw'n well ar gyfer eu rhostio, eraill yn well ar gyfer eu berwi neu eu stwnshio. Mae'r fitaminau a'r mwynau yn cael eu storio o dan y croen. Syniad da felly ydy gweini tatws heb eu pilio na'u sgrwbio. Y croen ydy'r ffynhonnell orau o ffibr.

tatws

Protein

Mae yna sawl math gwahanol o brotein. Mae rhai ohonyn nhw yn dod o anifeiliaid ac eraill o blanhigion. Mae protein yn cynnwys asidau amino sy'n hanfodol ar gyfer tyfu a chadw'n gryf. I sicrhau diet cytbwys ac amrywiol mae angen protein o fwydydd gwahanol.

Mae angen bwyta 2-4 cyfran y dydd. Cyfran ydy llond llaw o gnau neu hadau, un wy neu gyfran o gig, pysgod neu gorbys (ffa, pys, lentils).

Cig

Mae cig yn ffynhonnell dda o fitaminau a mwynau sy'n cynnwys haearn, sinc, seleniwm a fitaminau B. Ond maen nhw hefyd yn gallu bod yn uchel mewn braster dirlawn (*saturated fat*). Edrychwch ar dudalennau 14-15. Cofiwch ddewis y mathau o gig sy'n cynnwys ychydig o fraster. Gallwch hefyd dorri darnau o'r braster o'r cig cyn ei goginio. Mae dofednod yn cynnwys llai o fraster na chig coch, yn arbennig os ydy'r croen yn cael ei dynnu i ffwrdd.

Mathau o gig coch:
- **Cig eidion**
- **Porc**
- **Cig oen**
- **Cig carw**

Mathau o ddofednod:
- **Cyw iâr**
- **Twrci**
- **Hwyaden**

Kebabs Cig Oen – tud. 68-69

Mae tofu a wyau yn ddwy ffynhonnell werthfawr o brotein. Mae tofu hefyd yn cynnwys calsiwm, haearn a fitaminau B1, B2 a B3 (edrychwch ar dudalennau 48-49 a 78-79). Mae wyau yn cynnwys fitaminau B, haearn, calsiwm a sinc (edrychwch ar dudalennau 31 a 41).

tofu

Cnau a hadau

Mae cnau a hadau yn ffynhonnell dda o brotein. Maen nhw hefyd yn ffynhonnell o fitaminau, mwynau a brasterau 'da' fel omega-6 (edrychwch ar dudalennau 14-15). Gan eu bod yn uchel mewn braster mae'n bwysig nad ydych chi'n bwyta gormod ohonyn nhw. Cofiwch osgoi cnau sy'n cynnwys halen.

Mathau o gnau a hadau:
- **Cnau mwnci**
- **Cnau Brasil**
- **Cnau Ffrengig**
- **Cashews**
- **Cnau cyll** (*hazelnuts*)
- **Cnau almon** (*almonds*)
- **Hadau blodau'r haul**
- **Hadau sesame**
- **Hadau pwmpen**
- **Hadau'r pabi** (*poppy seeds*)
- **Hadau llin** (*linseeds*)

Pysgod

Cofiwch fwyta pysgod o leiaf ddwywaith yr wythnos. Mae'n bwysig eich bod yn bwyta un o'r pysgod olewog yma - eog, tiwna, sardins, macrell, pennog *(herring)* a brithyll. Mae'r pysgod yma yn cynnwys braster omega-3 (tud.14-15) yn ogystal â phrotein.

Parseli Eog – tud. 70-71

Corbys

Corbys ydy hadau sy'n tyfu mewn coden *(pod)*. Mae'r hadau yma yn ffynhonnell dda o brotein. Maen nhw'n isel mewn braster ac yn cynnwys lefelau uchel o garbohydradau. Mae corbys mewn tun yn gyfleus iawn - cofiwch osgoi'r rhai sy'n cynnwys halen neu siwgr ychwanegol.

Corbys poblogaidd:
- **Ffacbys** *(lentils)*
- **Pys sych**
- ***Chickpeas***
- **Ffa haricot**
- **Ffa flageolet**
- **Ffa cannellini**
- **Ffa Ffrengig**
- **Ffa soya**

Wyddoch chi?

Mae brest cyw iâr wedi'i ffrio mewn briwsion bara *(breadcrumbs)* yn cynnwys bron i 6 gwaith mwy o fraster na brest cyw iâr (heb y croen) sy'n cael ei grilio.

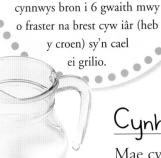

llaeth

Cynhyrchion llaeth

Mae cynhyrchion llaeth yn cynnig protein, fitaminau a mwynau fel calsiwm a fitamin A, B12 a D.

Chwyrlïad Iogwrt a Dips – tud. 26-27

Mathau o gynnyrch llaeth
- **Llaeth**
- **Iogwrt**
- **Caws**
- **Menyn**
- **Fromage frais**
- **Hufen**
- **Crème fraîche**
- **Llaeth enwyn**

Dewisiadau eraill yn lle cynnyrch llaeth
- **Grawnfwydydd brecwast gyda fitaminau ychwanegol**
- **Llaeth soya**
- **Tofu**
- **Llysiau dail gwyrdd**
- **Triagl** *(molasses)*
- **Sardins tun**
- **Ffa pob**
- **Llysiau'r môr**
- **Hadau sesame**

Mae angen bwyta rhwng 2-3 cyfran o fwydydd sy'n gyfoethog mewn calsiwm bob dydd i gadw'r esgyrn a'r dannedd yn gryf. Cyfran ydy gwydraid o laeth, potyn o iogwrt neu ddarn bach o gaws.

Braster a Siwgr

Mae angen peth braster yn eich diet gan ei fod yn rhoi egni i'r corff. Mae hefyd yn helpu i amsugno rhai fitaminau yn ogystal â darparu asidau brasterog fel omega-3 ac omega-6. Mae'n bwysig iawn i fwyta'r mathau iachaf o fraster ac osgoi braster dirlawn *(saturated fat)*.

Byddwch yn ofalus nad ydych yn bwyta gormod o fraster. Un ffordd o osgoi hyn ydy edrych yn ofalus ar y label i weld faint o fraster sy'n y bwyd. Mae bwyd gyda 20g (¾ owns) o fraster am bob 100g yn uchel mewn braster. Mae bwyd gyda 3g (1/10 owns) neu lai o fraster am bob 100g (3½ owns) yn isel mewn braster. Mae'r llyfr yma'n cynnig sawl syniad ar sut mae bwyta llai o fraster – a chadw'n iach!

Braster drwg

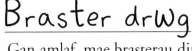

caws

Gan amlaf, mae brasterau dirlawn yn solet ar dymheredd ystafell. Mae'r brasterau yma yn dod o anifeiliaid (ar wahân i bysgod). Mae'r brasterau hyn yn cynnwys lard, menyn, margarin caled, caws a llaeth cyflawn. Mae'r brasterau hyn hefyd yn cael eu defnyddio i wneud cacennau, siocled, bisgedi, pastai a chrwst. Mae cigoedd coch a chroen dofednod yn cynnwys brasterau dirlawn. I gadw'n iach mae'n bwysig peidio â bwyta gormod o'r math yma o fraster. Mae'n gallu achosi clefyd y galon.

sglodion

croissants

cacen/teisen

Braster da

afocado

olew olewydd

Mae brasterau da fel arfer yn hylif ar dymheredd ystafell. Maen nhw'n cynnwys brasterau annirlawn *(unsaturated fats)*. Maen nhw'n llawer gwell na brasterau dirlawn, gan eu bod yn creu egni i'r corff, yn cludo maetholynnau o gwmpas y corff ac yn amddiffyn y galon. Mae brasterau annirlawn yn dod o olew llysiau fel sesame, blodau'r haul, soya ac olewydd yn ogystal â chnau, hadau, afocados a physgod olewog fel macrell, sardins, pilchard ac eog a margarin meddal. Er gwaethaf y manteision ychydig iawn o'r braster yma sydd ei angen arnom i gadw'n iach.

hadau blodau'r haul

cnau cyll

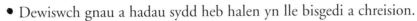

pysgodyn

Sut i fwyta llai o fraster drwg

- Dewiswch gnau a hadau sydd heb halen yn lle bisgedi a chreision.
- Rhowch afocado wedi'i stwnshio neu houmous ar dost yn lle menyn.
- Bwytwch bysgodyn olewog yn lle pysgodyn mewn cytew *(batter)* neu bastai gig.
- Am newid, cymysgwch olew olewydd yn lle menyn gyda'r tatws.
- Rhowch ychydig o olew olewydd a sudd lemon ar salad yn lle hufen salad *(salad cream)*.
- Bwytwch ffrwythau ffres neu sych yn lle bisgedi a siocled.
- Torrwch unrhyw ddarnau o fraster oddi ar gig coch neu ddofednod.
- Prynwch gig sy'n cynnwys ychydig iawn o fraster.
- Taflwch y badell ffrio – dewiswch goginio drwy botsio, stemio, gridyllu neu bobi.
  - Defnyddiwch laeth hanner sgim neu laeth sgim yn lle llaeth cyflawn.
  - Yn lle defnyddio lard, menyn neu fargarin caled defnyddiwch olew llysieuol a spred braster isel.

rhesins

mafon

mefus

houmous

Bwydydd melys

jam

Fel braster, mae siwgr yn ffynhonnell gryno o egni. Mae siwgr i'w gael mewn bwydydd fel jam, melysion, cacennau, siocled, diodydd ysgafn, bisgedi a hufen iâ. Mae bwyta'r bwydydd yma yn rhoi teimlad braf - maen nhw'n blasu'n grêt! Ond, mae bwyta gormod o siwgr yn achosi dannedd i bydru, ennill pwysau a mynd yn rhy dew ac achosi hwyliau drwg. Mae'n bwysig felly nad ydych yn bwyta gormod o'r bwydydd yma.

lolis

diod ysgafn

Halen

creision

Mae bwyta gormod o halen yn gallu achosi pwysau gwaed uchel, clefyd y galon a strôc. Mae halen mewn bwydydd fel creision a rhai mathau o gnau. Yn annisgwyl, mae halen hefyd mewn bwydydd fel grawnfwydydd brecwast, bara, cacennau a bisgedi. Felly, mae'n anodd dweud faint o halen ydych chi'n ei fwyta bob dydd. Cofiwch ddarllen y labeli'n ofalus i weld faint o halen mae'r bwydydd yn ei gynnwys. Mae'n hawdd ychwanegu gormod o halen i bryd bwyd. Blaswch y bwyd i ddechrau cyn ymestyn am yr halen. Fe welwch fod y bwyd yn blasu'n grêt heb yr halen!

halen

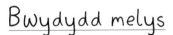

Brecwast

Wedi noson o gwsg mae angen bwyd arnoch chi - mae brecwast da yn eich paratoi ar gyfer y diwrnod sydd o'ch blaen. Mae bwydydd sy'n uchel mewn carbohydradau, fel grawnfwydydd a bara yn ddelfrydol. Maen nhw'n troi'n glwcos sy'n rhoi tanwydd i'r ymennydd. Mae bwydydd protein fel iogwrt, llaeth, wyau, bacwn, sosej a ffa hefyd yn bwysig. Maen nhw'n rheoli twf y corff a'i ddatblygiad ac yn eich gwneud yn fwy effro. Mae'r adran hon yn cynnwys nifer fawr o ryseitiau blasus. Dyma i chi ambell syniad i aros pryd.

Wy wedi'i Ferwi

Rhowch ddŵr mewn sosban fechan hyd at ei hanner. Yn ofalus, gostyngwch yr wy i mewn i'r sosban a dod a'r dŵr i'r berw, yna berwi yr wy am 4 munud, yna ei dynnu allan o'r dŵr gyda llwy. Yna, dipiwch yr wy mewn dŵr oer cyn ei osod mewn cwpan wy. Torrwch y top a'i weini gyda thost.

Naturiol Felys

Mae grawnfwydydd siop yn gallu cynnwys lefelau uchel o siwgr. Prynwch wenith di-siwgr neu geirch ac ychwanegu ychydig ffrwythau, cnau neu hadau.

Hawdd a Sydyn

Beth am roi 'cic-start' i'r dydd! Beth am roi sleisys banana, bio iogwrt naturiol a drisl o fêl ar dost o fara cyflawn neu fara ffrwythau? Cychwyn da!

Ychwanegu Ffrwythau

Beth am ddechrau'r dydd drwy roi ffrwythau ffres ar eich grawnfwyd? Mae'n bryd sy'n cynnwys fitaminau a melyster naturiol.

Afal wedi'i Stiwio (ar gyfer 4)

Piliwch 4 afal a thynnu'r hadau. Torrwch nhw yn ddarnau bach. Rhowch y cyfan mewn sosban ac ychwanegwch 1 llwy fwrdd sinamon mâl, 4 llwy fwrdd sudd afal a gwasgiad o sudd lemon. Hanner gorchuddiwch y sosban a'u berwi'n ysgafn am 15-20 munud neu hyd nes bydd yr afalau yn feddal. Gallwch eu gweini gyda myffins ffrwythau neu eu cymysgu gydag iogwrt.

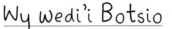

Brecwast wedi'i Goginio

Mae'n braf cael brecwast wedi'i goginio ambell waith - dim ond eich bod yn grilio a dim yn defnyddio'r badell ffrio. Defnyddiwch gig di-fraster neu sosej llysieuol. Ychwanegwch domatos a madarch wedi'u grilio, tost bara cyflawn ac wyau wedi'u sgramblo. Dyna i chi frecwast cytbwys!

Wy wedi'i Botsio

Rhowch ddŵr mewn sosban (dyfnder tua 5cm/2 fodfedd) a'i gynhesu'n ysgafn. Torrwch wy i mewn i gwpan. Trowch y dŵr yn y sosban ac yna tywalltwch yr wy i ganol y sosban. Coginiwch am 3 munud neu hyd nes bydd y gwynwy wedi setio ac mae'r melynwy yn feddal. Tynnwch allan o'r dŵr gyda llwy a'i weini gyda thost cyflawn.

Uwd (ar gyfer 4)

Rhowch 200g (7 owns) o geirch uwd *(porridge oats)* mewn sosban gyda 250ml o laeth Cymreig a 250ml o ddŵr. Dowch a'r cyfan i'r berw cyn gostwng y gwres a berwi'n ysgafn. Trowch am tua 4 munud neu hyd nes bydd y cyfan yn hufennog a llyfn.

Salad Ffrwythau

Mae salad ffrwythau yn ddelfrydol ar gyfer brecwast, pwdin neu fyrbryd handi. Defnyddiwch eich hoff ffrwythau. Mae bio iogwrt hefyd yn blasu'n wych gyda'r rysáit yma.

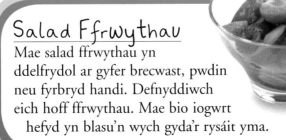

Hadau a chnau

Gallwch ychwanegu llond llaw o hadau neu gnau wedi'u malu'n fân i uwd neu unrhyw rawnfwyd sy'n cael ei fwyta i frecwast. Mae'n ychwanegu at werth maethol a blas y bwyd.

Sudd Afal a Moron

Mae'r sudd ffres yma yn llawn fitamin C! Peidiwch â phoeni os nad oes gennych chi beiriant sy'n paratoi sudd *(juicer)*. Torrwch allan ganol yr afalau. Defnyddiwch gymysgydd *(blender)* neu brosesydd bwyd i baratoi'r sudd. Yna, defnyddiwch ridyll *(sieve)* i wahanu'r sudd o'r gweddill.

Yfwch yn syth er mwyn cael y daioni mwyaf o'r sudd.

Syniad da!
Mae'r sudd lemon yn cadw'r fitaminau yn y ffrwythau. Mae'r lemon hefyd yn ychwanegu at flas yr afal a'r moron.

Cynhwysion
- 4 afal
- 3 moronen
- Gwasgiad o sudd lemon ffres (dewisol)

Offer
- cyllell finiog fechan
- bwrdd torri
- peiriant paratoi sudd

peiriant sudd

1 Glanhewch y moron a thorri pob un yn 2 neu 3 darn. Torrwch goesyn yr afalau cyn eu torri yn bedwar chwarter.

2 Rhowch yr afalau a'r moron yn y peiriant paratoi sudd. Tywalltwch y sudd i mewn i ddau wydr. Taflwch y gweddill. Ychwanegwch wasgiad o sudd lemon i'r sudd cyn ei droi.

Llyfnyn Ffrwythau

Diod sy'n hawdd iawn i'w baratoi. Diod fydd yn rhoi egni newydd i chi! Beth am ei weini gydag ychydig o rawnfwyd neu dost i wneud brecwast iachus.

Newid Blas!

Am flas gwahanol a newydd beth am newid y llus am yr un pwysau o fefus!

Cynhwysion

- 150g (5½ owns) llus (blueberries) ffres neu wedi'u rhewi
- 3 banana (wedi'u sleisio)
- 1 llwy de o fanila (vanilla extract) (dewisol)
- 500ml bio iogwrt naturiol trwchus
- 200ml llaeth

banana   llus

Offer

- cyllell finiog fach
- bwrdd torri
- cymysgydd

bwrdd torri

1 Piliwch y bananas. Torrwch nhw yn sleisys bach. Rhowch nhw yn y cymysgydd cyn ychwanegu'r llus, fanila, iogwrt a'r llaeth.

2 Cymysgwch hyd nes bydd y gymysgedd yn llyfn, trwchus a hufennog. Tywalltwch i bedwar gwydryn tal. Mwynhewch!

19

Bar Ffrwythau a Chnau

Mae'r bar ffrwythau a chnau cartref yma yn llawn egni. Mae'n cynnwys bricyll, rhesins *(raisins)*, cnau a hadau. Mae'r bar yma yn rhoi cychwyn da i'r dydd – yn arbennig os ydych chi'n ychwanegu llaeth neu botyn o iogwrt sy'n llawn calsiwm. Mae'n ddewis da hefyd ar gyfer y bocs bwyd.

Newid Blas!

Gallwch ddefnyddio unrhyw ffrwythau sych sy'n barod i'w bwyta. Beth am arbrofi gyda chymysgedd o ffrwythau trofannol neu ffrwythau'r fforest?

Cynhwysion

- 50g (2 owns) cnau cyll
- 50g (2 owns) ceirch cyflawn
- 100g (3½ owns) rhesins
- 150g (5½ owns) bricyll sych (torrwch yn ddarnau bach)
- 4 llwy fwrdd sudd oren ffres
- 2 lwy ffwrdd hadau blodau'r haul
- 2 lwy fwrdd hadau pwmpen

rhesins

hadau pwmpen

hadau blodau'r haul

ceirch

Offer

- padell ffrio
- sbatwla pren
- cyllell finiog fach
- bwrdd torri
- prosesydd bwyd neu gymysgydd
- powlen gymysgu fawr
- papur gwrthsaim
- cyllell balet
- tun 18cm × 25cm (7 modfedd × 10 modfedd)

cyllell balet

1 Rhowch y cnau cyll, y ceirch a'r hadau mewn padell ffrio. Ffriwch y cyfan yn sych gan eu troi dros wres canolig am 3 munud neu hyd nes bydd y cyfan yn troi'n euraid *(golden)*. Gadewch i oeri.

2 Rhowch y rhesins, y bricyll a'r sudd lemon mewn prosesydd bwyd. Daliwch i gymysgu hyd nes bydd y gymysgedd yn llyfn. Tywalltwch y purée i mewn i bowlen gymysgu.

3 Rhowch y cnau, y ceirch a'r hadau mewn prosesydd bwyd. Trowch y cyfan hyd nes y bydd wedi'i falu'n fân. Tywalltwch y gymysgedd i bowlen gyda'r purée ffrwythau.

Torrwch yn 8–10 darn a'u bwyta fel rhan o frecwast maethlon.

Wyddoch chi?

Mae cnau cyll yn uchel mewn ffibr, potasiwm, calsiwm, magnesiwm a fitamin E. Dyna chi beth ydy cnau maethlon – a blasus!

4 Trowch y gymysgedd ffrwythau hyd nes bydd y cynhwysion wedi eu cymysgu'n llwyr. Leiniwch y tun pobi 18cm × 25cm (7 modfedd × 10 modfedd) gyda phapur gwrthsaim.

5 Gwasgarwch y gymysgedd ffrwythau yn gyfartal yn y tun. Oerwch am o leiaf un awr neu hyd y mae'n solet. Trowch allan o'r tun a thynnwch y papur gwrthsaim. Torrwch yn farrau.

Ffeithiau Bwyd

Mae sychu ffrwythau yn hen ddull o gadw ffrwythau dros gyfnod hir. Mae'r broses sychu yn gwneud y ffrwythau yn ffynhonnell dda o ffibr, siwgr naturiol, fitamin B a fitamin C, haearn, calsiwm a mwynau eraill. Yn anffodus, mae lefelau fitamin C yn is na ffrwythau ffres.

bricyll sych

Pyffs Ffrwythau

Gall grawnfwydydd o siopau fod yn llawn o siwgr diangen. Mae'r rysáit yma yn ddewis sy'n dibynnu ar felyster naturiol ffrwythau sych.
Mae'r ffrwythau hefyd yn llawn ffibr a maetholynnau sy'n cynnwys haearn. Ychwanegwch laeth am frecwast blasus a maethlon.

Newid Blas!

Gallwch ddefnyddio eich hoff ffrwythau neu gnau i wneud y rysáit yma. Beth am newid y reis a chynnwys ceirch i wneud muesli? Neu, ychwanegwch ffrwythau ffres ar ben y cyfan.

Cynhwysion

- 75g (3 owns) cnau cyll cyfan
- 8 llwy ffwrdd hadau blodau'r haul
- 125g (4½ owns) bricyll sych (wedi'u torri yn ddarnau bach)
- 250g (9 owns) grawnfwyd reis di-siwgr
- 125g (4½ owns) rhesins
- 50g (2 owns) fflêcs coconyt

cnau cyll

grawnfwyd reis (pyffs)

bricyll sych

Offer

- padell ffrio
- llwy bren
- powlen fach
- bag plastig
- rholbren
- siswrn cegin
- powlen gymysgu

rholbren

padell ffrio

Wyddoch chi?

Mae dros 10 biliwn peint o laeth yn cael ei werthu yng Ngwledydd Prydain bob dydd. Mae 25% o'r llaeth yma yn cael ei ddefnyddio i wneud te!

1 Rhowch y cnau mewn padell ffrio. Ffriwch yn sych dros wres canolig. Defnyddiwch lwy bren i droi'r cnau a'u coginio am 3 munud nes bydd y cyfan yn euraid.

2 Tywalltwch y cnau i bowlen. Gadewch i oeri. Rhowch hadau blodau'r haul i ffrio am 2 funud. Fe ddylai'r cnau fod yn euraid a heb eu llosgi.

3 Gadewch i hadau blodau'r haul oeri. Tywalltwch y cnau sydd wedi'u hoeri i fag plastig. Plygwch ben agored y bag plastig a'i gau gydag un llaw.

Bydd eu storio mewn cynhwysydd plastig gyda chaead tynn yn cadw'r bwyd yn ffres am fwy o amser.

Ffeithiau Bwyd

Mae cnau a hadau yn gyfuniad maethlon gan eu bod yn cynnwys fitaminau B, haearn, fitamin E a sinc, yn ogystal â braster omega-6 sy'n bwysig ar gyfer egni a chadw'r ymennydd i weithio'n effeithiol. Mae hadau blodau'r haul yn cynnwys sinc, magnesiwm a seleniwm sydd yn helpu i gadw'r corff rhag afiechydon. Mae'r lefelau uchel o fitamin E hefyd yn cadw'r croen yn iach.

hadau blodau'r haul

4 Gan ddefnyddio eich llaw arall, malwch y cnau gyda rholbren hyd nes bydd y cyfan wedi'i falu yn ddarnau bach. Yna, torrwch y bricyll yn ddarnau bach.

5 Rhowch y grawnfwyd reis mewn powlen gymysgu fawr. Ychwanegwch y bricyll, cnau, hadau, rhesins a'r fflêcs coconyt. Cymysgwch yn ofalus gyda'ch dwylo.

Sgrynsh Mefus

Mae'r pryd blasus hwn yn cynnwys ceirch a hadau wedi'u tostio. Mae'n bryd diddorol sy'n llawn maeth. Mae'r iogwrt yn ffynhonnell o brotein, calsiwm a braster isel tra bo'r mefus a'r sudd oren yn gyfoethog mewn fitamin C. Mae'r mêl yn ychwanegu melyster naturiol. Dewis arall fyddai defnyddio sudd masarn *(maple syrup)*.

Newid Blas!

Gallwch newid y mefus am ffrwythau eraill. Beth am ddewis rhai o'ch hoff ffrwythau fel bananas, nectarîns neu eirin gwlanog? Mae purée ffrwythau hefyd yn blasu'n grêt! (tud.26-27 a tud.86.)

Cynhwysion

- 150g (5½ owns) mefus (tua 6-8)
- 4 llwy ffwrdd sudd oren ffres
- 50g (2 owns) ceirch uwd cyflawn
- 3 llwy ffwrdd hadau blodau'r haul
- 3 llwy ffwrdd hadau pwmpen
- 2–3 llwy ffwrdd mêl clir sy'n llifo
- 12 llwy bwdin bio iogwrt naturiol trwchus

mêl

hadau pwmpen

mefus

Offer

- cyllell finiog fach
- bwrdd torri
- powlen fach
- padell ffrio
- llwy bren

bwrdd torri

1 Torrwch y coesau a'r dail oddi ar y mefus cyn sleisio'r ffrwythau. Rhowch y mefus mewn powlen ac ychwanegwch sudd oren. Rhowch o'r neilltu.

2 Rhowch y ceirch mewn padell ffrio a'u ffrio'n sych ar wres canolig am 3 munud. Trowch y ceirch yn achlysurol gyda llwy bren. Gwnewch yn siŵr fod y ceirch i gyd yn cael eu coginio.

3 Ychwanegwch hadau blodau'r haul a pwmpen a'u ffrio'n sych am 2 funud neu hyd nes maen nhw'n euraid. Cymerwch ofal – mae hadau pwmpen yn popio!

Gallwch fwyta hwn fel pwdin blasus hefyd!

Ffeithiau Bwyd!

Bwyd sy'n cynnwys carbohydrad ydy ceirch. Mae'n ddewis perffaith ar gyfer brecwast gan eu bod yn cynnwys ffibr. Mae'r ffibr yma'n cael ei amsugno'n araf gan y corff. Mae hyn yn rhoi teimlad o deimlo'n llawn am gyfnod hirach a chadw lefelau siwgr yn gyson. Mae ceirch hefyd yn ffynhonnell wych o fitaminau E, B1 a B2.

ceirch

4 Tynnwch y badell oddi ar y gwres. Ychwanegwch y mêl – gwnewch yn siŵr fod y ceirch a'r hadau wedi'u gorchuddio'n dda. Gadewch i oeri.

5 Rhowch haen o geirch ar waelod pob gwydryn. Ychwanegwch 2 lond llwy bwdin o iogwrt ac ychydig o'r ffrwythau. Ychwanegwch haenau eraill.

Chwyrlïad Iogwrt a Dips

Mae'r iogwrt yma'n wahanol i'r un fyddech chi'n ei brynu mewn siop. Dydy'r iogwrt yma ddim yn cynnwys ychwanegion na siwgr wedi'i buro. Mae'r iogwrt yma'n flasus ac yn isel mewn braster. Mae hefyd yn uchel mewn calsiwm, protein a photasiwm – heb sôn am y fitaminau sy'n y ffrwythau sych! Tostiwch y bara ffrwythau - mwynhewch!

Newid Blas!

Mae ffrwythau a purée ffres yn ddewis da i'w gymysgu gyda'r iogwrt. Beth am flasu mango, mefus, mafon neu afalau wedi'u stiwio? (tud.17 a tud 86.)

Cynhwysion

- 100g (3½ owns) datys neu bricyll sych – wedi'u malu
- 250ml dŵr
- 3 llwy fwrdd sudd afal ffres
- 500g (1 pwys 2 owns) bio iogwrt naturiol trwchus
- 4-8 sleisen bara rhesin

datys sych

bricyll sych

Offer

- sosban ganolig gyda chaead
- cymysgydd
- llwy
- 4 bowlen

powlen

!

1 Rhowch y datys neu'r bricyll a'r dŵr mewn sosban. Dowch a'r cyfan i'r berw cyn gostwng y gwres yn isel. Gorchuddiwch, coginiwch y ffrwythau am 15-20 munud neu hyd nes bydd y ffrwythau'n feddal.

Gallwch ddipio myffins ffrwythau neu bagels hefyd!

Ffeithiau Bwyd!

Mae bacteria llesol mewn bio iogwrt sy'n helpu'r corff i ymladd afiechydon. Mae hefyd yn helpu'r corff i dreulio bwyd.

bio iogwrt

Wyddoch chi?

Iogwrt ydy un o'r bwydydd hynaf sydd i'w gael. Mae'r gair iogwrt yn dod o Twrci.

2 Gadewch y datys neu'r bricyll i oeri am tua 30 munud cyn ychwanegu'r sudd afal. Rhowch y cyfan yn y cymysgydd hyd nes bydd y gymysgedd yn llyfn.

3 Rhannwch yr iogwrt rhwng 4 powlen. Rhowch 2 lwy fwrdd o'r purée ffrwythau ar ben pob un. Trowch yn ofalus i wneud patrwm diddorol.

4 Tostiwch y bara rhesin hyd nes bydd yn euraid. Torrwch y tost yn stribedi cul. Maen nhw'n barod i'w dipio i'r iogwrt. Blasus iawn!

Crempogau Banana

Mae'r crempogau yma gyda ffrwythau'r haf ac ychydig o syrup yn gwneud pryd blasus a maethlon. Beth am ychwanegu saws ffrwythau (tud.86) a iogwrt fel dewis arall? Bendigedig!

Syniad da!

Mae'n bwysig nad ydych chi'n cael lympiau yn y gymysgedd. Os oes lympiau yna gwasgwch drwy'r rhidyll â chefn llwy.

Cynhwysion

- 100g (3½ owns) blawd codi
- 40g (1½ owns) blawd codi cyflawn
- 2 lwy fwrdd siwgr mân
- 1 wy organig
- 175ml llaeth
- 2 fanana (wedi'u pilio)
- menyn (ar gyfer ffrio)

wy

blawd cyflawn

rhidyll

Offer

- rhidyll
- 2 bowlen gymysgu
- llwy bren
- jwg
- chwisg neu fforc
- padell ffrio fawr (non-stick)
- llwy fawr
- sbatwla
- stwnshiwr neu fforc

llwy fawr

powlen gymysgu

28

1 Rhidyllwch y ddau fath o flawd i bowlen gymysgu (gan ychwanegu unrhyw fran sy'n weddill yn y rhidyll). Ychwanegwch y siwgr, gwnewch dwll i'r gymysgedd.

2 Mesurwch y llaeth mewn jwg a thorrwch wy i mewn iddo. Curwch yr wy a'r llaeth gyda fforc neu chwisg yn ysgafn hyd nes eu bod wedi'u cymysgu.

Ffeithiau Bwyd

Dewiswch fananas aeddfed wrth baratoi'r crempogau. Maen nhw'n haws i'w stwnshio ac mae'r corff yn amsugno'r fitaminau yn gynt. Mae fitaminau B ac C, potasiwm, haearn a beta coroten mewn bananas. Mae bananas anaeddfed yn anoddach i'w treulio – ac yn gallu achosi poen bol!

bananas

3 Tywalltwch y gymysgedd wy i'r bowlen sy'n cynnwys y blawd a'r siwgr. Curwch gyda llwy bren hyd nes y mae'r cytew *(batter)* yn llyfn.

4 Gadewch y cytew am tua 30 munud (bydd y crempogau'n ysgafnach wedi'u coginio). Stwnsiwch y bananas a'u cymysgu gyda'r cytew sydd wedi'i osod o'r neilltu.

Wyddoch chi?

'Crêpes' ydy'r enw ar grempogau yn Ffrainc. 'Blinis' ydy'r enw yn Rwsia a 'panqueques' ydy'r enw arnyn nhw yn Ne America.

5 Cynheswch ychydig o fenyn mewn padell ffrio. Ychwanegwch 3 llwy fawr o'r cytew i wneud 3 crempog – tua 8cm (3¼ modfedd) mewn diamedr.

6 Coginiwch am 2 funud neu hyd nes bydd swigod i'w gweld ar y wyneb. Trowch y crempogau drosodd a'u coginio am 2 funud arall hyd nes bod y ddwy ochr yn euraid.

7 Gadewch y crempogau sy'n barod mewn popty gwres isel tra bod y gweddill yn cael eu paratoi. Cofiwch ychwanegu ychydig o fenyn cyn coginio mwy ohonyn nhw.

Cwpanau Wy

Mae wyau yn ffynhonnell wych o brotein da.
Maen nhw'n ddelfrydol i frecwast!
Mae'r rysáit yma'n berffaith
ar gyfer penwythnos
prysur. Dyma bryd
ysgafn, maethlon -
a sydyn!

Syniad da!

Wrth goginio wy wedi sgramblo mae'r amseru a'r tymheredd yn bwysig iawn. Bydd yr wyau yn sych a diflas os ydyn nhw'n cael eu coginio dros wres uchel yn rhy hir.

Wyddoch chi?

Mae lliw plisgyn yr wy yn dibynnu ar liw yr iâr. Mae ieir sydd â phlu a thagelli gwyn yn dodwy wyau gwyn. Mae ieir â phlu a thagelli coch yn dodwy wyau brown.

Cynhwysion

- 4 rholyn bara crystiog
- 3 tomato (dewisol)
- 8 wy organig
- 5 llwy fwrdd llaeth
- pupur a halen
- 50g (2 owns) menyn di-halen

rholiau bara

tomatos

Offer

- cyllell finiog
- bwrdd torri
- powlen gymysgu
- chwisg neu fforc
- sosban ganolig

chwisg

bwrdd torri

1 Torrwch ran uchaf y rholyn bara. Defnyddiwch eich bysedd i dynnu allan y bara o'r canol. (Gallwch ddefnyddio'r bara i wneud briwsion bara.)

2 Torrwch y tomatos yn eu hanner a thynnwch yr hadau allan gyda llwy de. Sleisiwch y tomatos yn ddarnau bach i faint sy'n addas i'w bwyta.

Ffeithiau Bwyd

Mae wyau yn un o'r bwydydd mwyaf maethlon. Maen nhw'n gwneud cyfraniad pwysig i'ch diet. Mae wyau yn cynnwys fitaminau B, haearn, calsiwm a sinc yn ogystal â phrotein. Cofiwch fod wyau yn cynnwys lefelau uchel o golesterol felly peidiwch â bwyta mwy na phedwar wy pob wythnos. Wyau o ieir fferm ydy'r wyau y byddwn yn eu bwyta fel arfer er eich bod yn gallu bwyta wyau eraill.

wyau

3 Torrwch wy i mewn i'r bowlen gymysgu. Craciwch yr wy ar agor ar ymyl y bowlen a gwthiwch eich bysedd i'w agor gan dynnu'r plisgyn ar wahân.

4 Ychwanegwch y llaeth i'r bowlen. Curwch yr wyau a'r llaeth gyda fforc neu chwisg. Ychwanegwch ychydig o bupur a halen.

5 Rhowch y menyn yn y sosban a'i doddi ar wres canolig-isel. Fel mae'r menyn yn toddi rhowch y tomatos i mewn a'u coginio am 1 munud.

6 Ychwanegwch y gymysgedd wy. Trowch i rwystro'r wy rhag glynu. Daliwch i droi am 3 munud neu hyd nes bydd y wyau yn gadarn. Symudwch o'r gwres.

7 Rhowch yr wyau wedi'u sgramblo a'r tomatos i mewn i'r bara. Gosodwch y pen bara yn ei le a'i weini. Mwynhewch gyda gwydraid o sudd oren.

Tortilla Brecwast

Omled fflat a thrwchus ydy tortilla. Maen nhw'n boblogaidd iawn yn Sbaen. Fel arfer, mae'n cynnwys wyau, nionod a thatws, ond mae'r rysáit yma ychydig yn wahanol. Mae'n frecwast sy'n llenwi ac yn hynod flasus.

Wyddoch chi?
Gair Sbaeneg am omled ydy 'tortilla'. Yr enw arnyn nhw yn yr Eidal ydy 'frittata'. Yn Mexico, bara corn gan amlaf, sydd ddim yn cynnwys burum ydy 'tortilla'.

Cynhwysion

wyau

- 4 sosej gan y cigydd lleol (neu ddewis llysieuol)
- 4 taten o faint canolig (wedi'u pilio, coginio a'u gadael i oeri)
- 2 lwy fwrdd olew blodau'r haul
- 8 tomato bach (wedi'u haneru)
- 5 wy (wedi'u curo'n ysgafn)
- pupur a halen

tomatos bach

tatws

Offer

- ffoil
- gefel (tongs)
- bwrdd torri
- padell ffrio ganolig
- sbatwla neu lwy bren
- jwg
- chwisg neu fforc
- cyllell finiog fach

padell ffrio

sbatwla

32

1 Cyngynheswch y gril i wres canolig-uchel. Leiniwch badell y gril gyda ffoil cyn coginio'r sosejys am 10-15 munud neu hyd nes y byddan nhw wedi'u coginio'n iawn.

2 Fel y mae'r sosejys yn oeri ychydig, torrwch y tatws sydd wedi'u coginio yn ddarnau bach addas i'w bwyta. Torrwch y sosejys yn ddarnau 2.5cm (1 modfedd).

Ffeithiau Bwyd

Chwiliwch am sosejys gyda digon o gig, braster isel a llai o ychwanegion. Mae llai o fraster mewn sosejys twrci na rhai sy'n cynnwys cigoedd coch fel porc neu gig eidion.

sosejys

Newid Blas!

Gallwch hefyd ychwanegu sosejys llysieuol, bacwn di-fraster neu gyw iâr wedi'i goginio i'r tortilla. Dewis arall fyddai ychwanegu madarch, puprau neu asbaragws. Mae'r cyfan yn fendigedig!

3 Cynheswch yr olew yn y badell ffrio. Ychwanegwch y tatws a'u ffrio dros wres canolig am 8 munud. Ychwanegwch y tomatos a'u coginio am 2 funud.

4 Torrwch y wyau i mewn i jwg a'u curo. Ychwanegwch bupur a halen. Rhowch y sosejys yn y badell ffrio.

5 Os oes angen, ychwanegwch fwy o olew i'r badell ffrio. Tywalltwch y wyau i'r badell a'u coginio, heb eu troi, am 5 munud neu hyd nes y bydd gwaelod y tortilla wedi setio.

6 I goginio rhan uchaf y tortilla, rhowch y badell yn ofalus o dan y gril a'i goginio am 3-5 munud neu hyd nes y bydd wedi setio.

7 Yn ofalus, tynnwch y badell allan o'r gril. Gadewch i oeri ychydig cyn symud y tortilla i blât gweini. Torrwch yn ddarnau a'i gweini.

Prydau Ysgafn

Mae'n bwysig cadw lefelau egni yn uchel drwy gydol y dydd. Mae bwyta prydau yn rheolaidd yn bwysig - ond mae hi hefyd yn bwysig i fwyta ambell i bryd ysgafn iachus i gadw'r meddwl yn effro a'r ymennydd i weithio'n effeithiol. Mae digon o ryseitiau blasus a maethlon i ddewis ohonyn nhw yn yr adran hon. Dyma rai prydau ysgafn eraill i'w blasu!

Byrgers Llysieuol

Rhowch 125g (4½ owns) ffa ffrengig tun (wedi cael gwared â'r dŵr), 1 nionyn bach (wedi'i falu), 1 foronen, 50g (2 owns) briwsion bara cyflawn, 1 llwy fwrdd menyn cnau (*peanut butter*) (dewisol) ac 1 wy mewn prosesydd bwyd. Proseswch y cyfan yn purée bras, ychwanegwch bupur a halen ac yna oerwch y gymysgedd am 1 awr. Siapiwch y gymysgedd yn 4 byrger. Rhowch haen denau o flawd arnyn nhw. Brwshiwch gydag olew a'u grilio am 5-6 munud ar bob ochr.

Crudités

Mae'r rhan fwyaf o lysiau yn well i chi heb eu coginio. Beth am arbrofi drwy dipio stribedi o seleri, pupur, moron neu ciwcymbr mewn houmous neu guacamole?

Houmous

Cymysgwch 400g (14 owns), *chickpeas* tun (wedi cael gwared â'r dŵr), 2 glof garlleg (wedi'u pilio), 2 lwy fwrdd past hadau sesame (tahini), sudd 1 lemon a 4 llwy fwrdd o olew olewydd hyd nes bod y cyfan yn llyfn a hufennog.

Tost Afocado

Stwnshiwch ½ afocado aeddfed a'i wasgaru ar ben tost o fara cyflawn. Mae houmous a menyn cnau (*peanut butter*) hefyd yn flasus iawn ar dost!

Cawl a hanner!

Beth am ychwanegu at werth maethlon cawl o siop drwy ychwanegu ffa tun, lentils wedi'u coginio neu ychwanegu llysiau?

Coleslaw

Rhowch ½ bresychen (*cabbage*) wen neu goch wedi'i thorri'n stribedi, 2 foronen wedi'u gratio, 1 afal wedi'i gratio a 2 shilotsyn (*spring onions*) wedi'u malu mewn powlen. Cymysgwch 2 lwy fwrdd o olew olewydd, 1 llwy fwrdd sudd lemon a 4 llwy fwrdd mayonnaise a'u cymysgu gyda'r gymysgedd fresych.

Saws Byrger

Torrwch 4 tomato yn fras, 1 afal mawr (wedi'i bilio a thorri'r hadau o'r canol) ac 1 nionyn. Gosodwch mewn sosban gyda 75ml o finegr gwin gwyn a 50g (2 owns) siwgr. Dowch a'r cyfan i'r berw, yna lleihau'r gwres, ei orchuddio a'i ferwi'n ysgafn iawn am 15 munud. Tynnwch y caead cyn coginio'r cyfan am 20 munud arall neu hyd nes bydd yn feddal. Gallwch wneud yn purée hefyd os ydych eisiau cymysgedd fwy llyfn.

Menyn Cnau (Nut Butter)

Rhowch 75g (3 owns) cnau mwnci, cashews neu gnau cyll mewn padell ffrio sych. Tostiwch am 2-3 munud dros wres canolig-isel neu hyd nes bydd y cyfan yn euraid. (Cofiwch droi'r cyfan yn aml i osgoi llosgi). Rhowch y cnau mewn prosesydd bwyd a'u malu'n fân. Tywalltwch 2-3 llwy fwrdd o olew blodau'r haul a'u prosesu hyd nes bydd y cyfan yn gymysgedd fras. Storiwch mewn jar aer dynn.

Cawl Miso

Mae Miso yn cynnwys ffa soya sydd wedi eplesu (*fermented*). Gallwch ei brynu yn sych neu fel past. I wneud cawl mwy maethlon, ychwanegwch ddŵr, nwdls wy wedi'u coginio a stribedi tenau o shilóts, moron a phupur coch.

Tatws Pob

Cyngynheswch y popty hyd at 200°C (400°F/Nwy 6). Glanhewch y tatws a'u tyllu gyda fforc neu sgiwer. Pobwch y tatws am 1-1½ awr, hyd nes bydd y canol wedi'i goginio a'r croen wedi crasu. Ychwanegwch lenwad iachus o diwna, corn melys a phupur coch – iachus iawn!

Chowder Corn

Fe fydd y rysáit yma yn siŵr o'ch cynhesu ar ddiwrnod oer! Math arbennig o gawl tew ydy chowder sy'n dod yn wreiddiol o dalaith New England, UDA. Mae rhai mathau ohonyn nhw'n cynnwys pysgod. Mae'r rysáit hon fodd bynnag yn dibynnu ar datws maethlon, corn melys a moron. Mae'n blasu'n wych gyda rholiau bara blodau'r haul (tud.122-123).

Syniad da!

Gadewch allan Cam 5 os ydy'n well ganddoch chi gawl gyda darnau mawr o lysiau. Os ydy'n well ganddoch chi gawl mwy llyfn yna blendiwch y cyfan.

Cynhwysion

tatws

- 1 nionyn/winwnsyn mawr
- 200g (9 owns) corn melys ffres, wedi'u rhewi neu mewn tun
- 1 foronen fawr
- 350g (12 owns) tatws
- 1 llwy fwrdd olew blodau'r haul

nionyn/winwnsyn

- 1 bouquet garni (dewisol)
- 1 ddeilen llawryf (bay leaf)
- 1.2 litr (2 beint) stoc llysiau
- 300ml llaeth Cymreig
- pupur a halen

moronen

Offer

piliwr llysiau

- cyllell finiog fach
- piliwr llysiau
- bwrdd torri
- sosban fawr gyda chaead
- llwy bren
- cymysgydd

llwy bren

1 Piliwch a thorrwch y nionyn yn fras. Piliwch y foronen a'i sleisio'n denau. Piliwch y tatws a'u torri yn ddarnau bach.

2 Cynheswch yr olew yn y sosban. Ychwanegwch y nionyn a'i sauté dros wres canolig am 8 munud neu hyd nes bydd y cyfan yn feddal a lliw euraid ysgafn. Trowch y nionyn yn achlysurol.

3 Ychwanegwch y corn, y foronen, y tatws, bouquet garni a'r ddeilen llawryf at y nionod. Coginiwch am 2 funud gan eu troi'n gyson. Ychwanegwch y stoc a'i ddod i'r berw.

Gallwch ychwanegu pupur a halen i flasu'r bwyd.

Newid Blas!

Mae ychwanegu darnau o hadog wedi'i fygu yn rhoi blas arbennig i'r cawl. Ychwanegwch y pysgodyn yng ngham 4 gyda'r llaeth. Yna, coginiwch y cyfan yn ysgafn iawn am 5 munud neu hyd nes bydd y cyfan wedi'i goginio.

Ffeithiau Bwyd

Mae'r pryd yma yn gyfoethog iawn mewn carbohydradau cymhleth. Mae corn melys hefyd yn gyfoethog mewn fitaminau A, B ac C. Os ydych chi'n prynu corn melys mewn tun yna gwnewch yn siŵr eich bod yn prynu'r rhai sydd ddim yn cynnwys halen a siwgr ychwanegol.

corn melys

4 Gostyngwch y gwres i ganolig-isel. Gorchuddiwch â'r caead a'i goginio am 15 munud gan ei droi yn achlysurol. Ychwanegwch y llaeth a choginio am 5 munud arall.

5 Tynnwch allan rai o'r llysiau a chymysgwch weddill y gymysgedd nes ei bod yn llyfn. Rhowch weddill y llysiau gyda'r llysiau sydd wedi'u malu'n fân mewn sosban a'u cynhesu eto.

Salad Picnic

Rysáit syml o salad traddodiadol Groegaidd ydy'r salad yma. Gallwch ddewis unrhyw gaws o'ch dewis fel caws Caerffili, caws Cenarth, *mozzarella,* brie neu unrhyw gaws arall yn lle caws *feta.* Gallwch hefyd ychwanegu olifs, puprau, shilóts neu letys.

Newid Blas!

Mae ffa tun fel *chickpeas, cannellini* neu *borlotti* yn ddewis da yn lle caws. Mae tiwna, eog neu gorgimychiaid *(prawns)* hefyd yn flasus iawn.

Cynhwysion

bara pitta

- 2 bara pitta cyflawn
- 1 ciwcymbr bach
- 12 tomato bach (wedi'u chwarteru)
- ½ nionyn coch (wedi'i sleisio'n denau)
- 150g (5½ owns) caws feta (torri'n ddarnau bach)

Dresin:
- 3 llwy fwrdd olew olewydd
- 1 llwy fwrdd sudd lemon neu finegr gwin gwyn
- ½ llwy de mwstard Dijon

tomatos

ciwcymbr

Offer

- cyllell finiog fach
- bwrdd torri
- llwy de
- pot jam gwag, glân
- powlen gymysgu

nionyn

powlen gymysgu

cyllell finiog

1 Cyngynheswch y gril i wres canolig. Agorwch ochr y bara pitta gyda chyllell. Tostiwch y pitta ar y ddwy ochr hyd nes y byddan nhw'n euraid. Gadewch i oeri.

2 Sleisiwch y ciwcymbr yn ei hanner ar ei hyd. Tynnwch allan yr hadau gyda llwy de. Torrwch yr haneri yn eu hanner cyn eu torri'n ddarnau addas i'w bwyta.

3 Rhowch y ciwcymbr, tomatos a'r nionyn coch mewn powlen salad. Torrwch y bara pitta wedi iddo oeri yn ddarnau llai a'u hychwanegu i'r bowlen.

Mae'r salad yma'n blasu'n wych gydag ychydig o fintys.

4 I wneud y dresin, rhowch yr olew olewydd, sudd lemon a'r mwstard mewn pot jam glân. Rhowch y caead ymlaen ac ysgwyd hyd nes bo'r cynhwysion wedi cymysgu'n dda.

5 Tywalltwch y dresin dros y salad. Defnyddiwch eich dwylo i gymysgu'r olew a'r salad gyda'i gilydd. Rhowch ychydig o gaws feta ar ei ben ac mae'r pryd yn barod.

Ffeithiau Bwyd

Mae feta yn cael ei gynhyrchu yng Ngwlad Groeg. Yn draddodiadol roedd yn cael ei baratoi drwy ddefnyddio llaeth dafad. Bellach, mae'r caws yn cael ei baratoi drwy ddefnyddio llaeth buwch neu laeth gafr. Mae feta, fel pob caws, yn gyfoethog mewn calsiwm a phrotein. Mae angen bod yn ofalus, fodd bynnag, gan fod caws yn cynnwys llawer o fraster.

caws feta

Paratoi 15 munud • **Coginio** 12 munud • **Ar gyfer** 2-4

Wyau a Ham wedi'u Pobi

Mae'r pryd yma yn hawdd i'w baratoi – mae hefyd yn blasu'n fendigedig! Mae'r rysáit yn defnyddio ham yn lle crwst *(pastry)* sy'n uchel mewn braster. Gallwch ei fwyta gyda thomatos blasus a salad ffres. Gallwch hefyd ei fwyta fel tamaid i aros pryd!

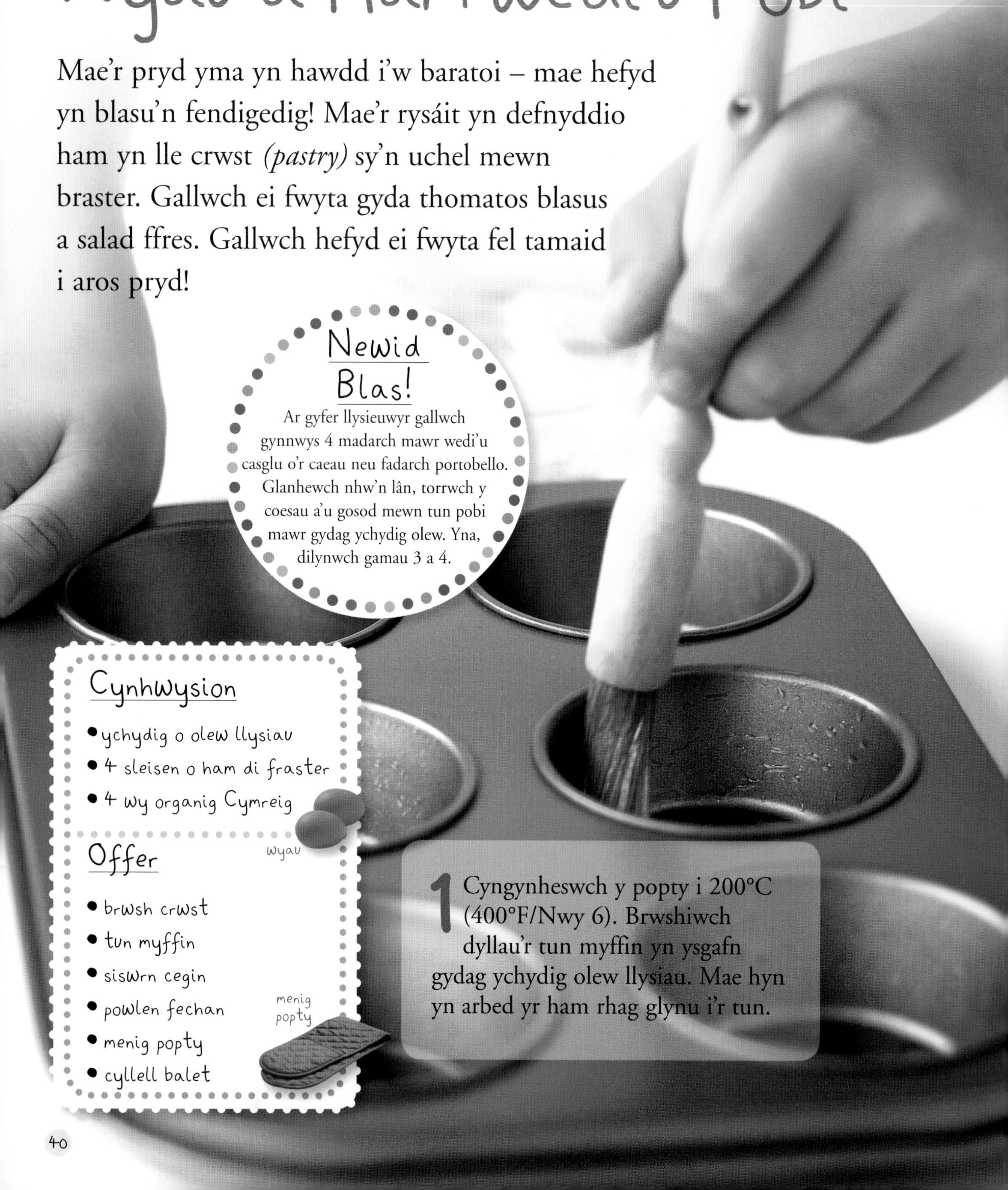

Newid Blas!

Ar gyfer llysieuwyr gallwch gynnwys 4 madarch mawr wedi'u casglu o'r caeau neu fadarch portobello. Glanhewch nhw'n lân, torrwch y coesau a'u gosod mewn tun pobi mawr gydag ychydig olew. Yna, dilynwch gamau 3 a 4.

Cynhwysion

- ychydig o olew llysiau
- 4 sleisen o ham di fraster
- 4 wy organig Cymreig

wyau

Offer

- brwsh crwst
- tun myffin
- siswrn cegin
- powlen fechan
- menig popty
- cyllell balet

menig popty

1 Cyngynheswch y popty i 200°C (400°F/Nwy 6). Brwshiwch dyllau'r tun myffin yn ysgafn gydag ychydig olew llysiau. Mae hyn yn arbed yr ham rhag glynu i'r tun.

Ffeithiau Bwyd

wy wedi'i ferwi

Mae'n bosib coginio wyau mewn sawl ffordd. Yn y rysáit yma mae'r wyau yn cael eu pobi mewn popty hyd nes y byddan nhw'n setio. Mae'n bosib hefyd ffrio, berwi, sgramblo neu botsio wyau. Os ydych am wybod os ydy wy yn ffres ai peidio, rhowch yr wy mewn powlen o ddŵr - os ydy'r wy yn suddo i'r gwaelod ac yn aros yno - yna mae'r wy yn ffres!

2 Gosodwch y darnau ham ymhob twll. Torrwch y darnau ham fel eu bod yn daclus o fewn y tyllau. Gwnewch yn siŵr fod yr ham yn uwch nag ymyl y twll.

3 Bob yn un, torrwch wy mewn powlen cyn eu tywallt i'r twll sydd wedi'i leinio gyda'r ham. Rhowch yn y popty am 10-12 munud neu hyd nes bydd yr wy wedi setio.

4 Defnyddiwch eich menig popty i dynnu'r tun allan o'r popty. Gadewch iddo oeri am ychydig funudau. Yn ofalus iawn gyda chyllell balet codwch y bastai allan.

Quesadillas Tiwna a Salad Moron

Mae quesadillas yn hawdd i'w paratoi. Mae'n bosib rhoi cynhwysion eraill atyn nhw. Maen nhw'n flasus yn boeth neu'n oer.

Newid Blas!

Am ddewis llysieuol gwahanol beth am ddewis pesto, tomato wedi'i sleisio a mozzarella? Gallwch hefyd ddewis ffa (tud. 60-61).

Cynhwysion

- 2 tortilla blawd meddal
- 60g (2½ owns) tiwna tun mewn dŵr ffynnon (wedi cael gwared â'r dŵr)
- 40g (1½ owns) caws Cheddar aeddfed (wedi'i gratio)
- 2 shilotsyn wedi'u pilio a'u sleisio

caws Cheddar

- ½ pupur oren bach (wedi tynnu'r hadau a'i dorri'n ddarnau bach)
- ychydig o olew olewydd

Salad moron

- 1 foronen fawr
- 2 lwy fwrdd rhesins
- 1 lwy fwrdd cnau pîn (pine nuts)
- 1 lwy fwrdd olew olewydd
- 2 lwy de sudd lemon

shilóts

pupur oren

Offer

- llwy
- bwrdd torri
- padell ffrio
- sbatwla
- 2 blât cinio
- cyllell finiog fechan
- fforc
- gratiwr
- 2 bowlen gymysgu

bwrdd torri

padell ffrio

Ffeithiau Bwyd

Pysgodyn olewog ydy tiwna. Mae'n cynnwys braster omega-3. Mae tiwna mewn tun yn cynnwys llai o omega-3 o'i gymharu â thiwna ffres (tud. 58). Mae tiwna hefyd yn cynnwys fitaminau B, D ac E.

tiwna

1 Gosodwch un o'r tortillas ar fwrdd neu le sych a glân. Gadewch ymyl 2cm (¾ modfedd) o led o amgylch yr ochr. Gosodwch y gymysgedd tiwna yn y canol.

2 Gwasgarwch y caws Cheddar ar ben y tiwna, ychwanegwch y shilóts a'r pupur oren. Gosodwch yr ail dortilla ar dop y gymysgedd a'i gosod yn solet yn ei lle.

3 Brwshiwch y badell ffrio gydag olew olewydd. Coginiwch y quesadilla am 2 funud dros wres canolig. Gwasgwch gyda'r sbatwla i wneud yn siŵr fod y menyn yn toddi.

4 Trowch y quesadilla drosodd. Sleidiwch y cyfan yn ofalus ar blât mawr. Rhowch blât arall uwchben cyn troi'r plât drosodd yn ofalus.

5 Yn ofalus, rhowch y quesadilla yn ôl yn y badell i goginio'r ochr arall am 2 funud. Codwch y quesadilla o'r badell a'i thorri yn ddarnau.

Wyddoch chi?

Cafodd y moron cyntaf eu tyfu yn Afghanistan yn y seithfed ganrif. Coch, melyn, gwyn a phorffor oedd lliwiau'r moron - doedd dim moron oren ar gael bryd hynny!

1 Gratiwch y foronen yn ofalus. Rhowch y cyfan mewn powlen gymysgu. Ychwanegwch y rhesins a'r cnau pîn a chymysgu'r cyfan gyda'i gilydd.

2 Cymysgwch yr olew olewydd a'r sudd lemon gyda fforc i baratoi'r dresin. Tywalltwch y gymysgedd dros y salad moron a gwnewch yn siŵr fod y dresin dros y salad i gyd.

Salad Môr Lliwgar

Mae'r salad yma yn cynnwys y cyfan - protein, carbohydradau, fitaminau, mwynau a brasterau iach! Yn y gornel werdd, mae'r afocados yn cynnwys mwy o brotein nag unrhyw ffrwyth arall yn ogystal â bod yn gyfoethog mewn beta caroten a fitamin E. Yn y gornel goch, mae'r tomatos yn grêt ar gyfer y system imiwnedd ac yn ffynhonnell wych o fitaminau A, C ac E.

Syniad da!

Os nad ydych chi'n hoffi corgimychiaid (*prawns*) neu'n methu cael gafael arnyn nhw yna beth am gyw iâr fel dewis arall. Mae llysieuwyr yn gallu dewis tofu wedi'i goginio neu gnau pîn.

Cynhwysion

- 150g (5½ owns) cregyn pasta
- 250g (9 owns) corgimychiaid wedi'u coginio a'u pilio
- 12 tomato bach (wedi'u chwarteru)
- 1 afocado mawr
- dail letys (wedi'u torri mewn stribedi)

Dresin:

- 4 llwy fwrdd mayonnaise
- 2 lwy de sudd lemon
- 2 lwy fwrdd sôs coch
- 2 ddiferyn saws Tabasco (dewisol)
- pupur a halen

afocados

tomatos

pasta cregyn

Offer

- sosban fawr
- llwy bren
- cyllell finiog fechan
- bwrdd torri
- powlen gymysgu
- powlen fach
- llwy de

powlen gymysgu

bwrdd torri

1 Berwch sosban fawr o ddŵr. Ychwanegwch y pasta gan ddilyn y cyfarwyddiadau ar y paced. Tywalltwch y dŵr a gadewch y cyfan i oeri.

2 Yn ofalus torrwch yr afocado o gwmpas y canol a'i rannu'n ddau. Tynnwch y garreg gyda llwy de. Torrwch yr haneri'n chwarteri.

3 Piliwch y croen a thorrwch yr afocado yn ddarnau bach. Rhowch yr afocado mewn powlen a thywallt hanner y sudd lemon drosto i arbed yr afocado rhag troi'n frown.

Mae afocado yn gyfoethog mewn braster da.

Wyddoch chi?

Roedd afocados yn cael eu tyfu'n wreiddiol yn Ne America. Roedden nhw'n credu mai tywysoges oedd y person cyntaf i fwyta afocado a'i fod yn ffrwyth cwbl arbennig.

Ffeithiau Bwyd

Mae corgimychiaid fel pob pysgod cregyn yn hynod flasus. Maen nhw hefyd yn cynnwys mwynau iachus. Mae corgimychiaid yn helpu i'n hamddiffyn rhag afiechydon. Maen nhw'n cynnwys sinc a seleniwm.

corgimychiaid

4 Rhowch y tomatos, yr afocado a'r corgimychiaid mewn powlen gyda'r pasta. Ychwanegwch bupur a halen. Rhannwch y stribedi letys rhwng y powlenni gweini.

5 Cymysgwch y cynhwysion ar gyfer y dresin gyda'i gilydd mewn powlen fach. Ychwanegwch y salad pasta i'r powlenni gweini. Rhowch damaid o'r dresin dros y cyfan.

Cawl Pasta Eidalaidd

Mae'r cawl iachus a blasus yma yn debyg i *minestrone* o'r Eidal. Mae'n cynnwys pasta, llysiau a chaws Parmesan wedi'i daenu ar ei ben. Mae'n bryd cyfan ar ben ei hun!

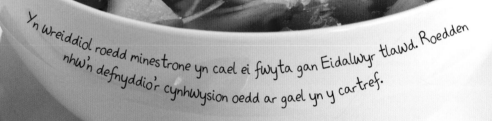

Yn wreiddiol roedd minestrone yn cael ei fwyta gan Eidalwyr tlawd. Roedden nhw'n defnyddio'r cynhwysion oedd ar gael yn y cartref.

Newid Blas!

Os ydych chi'n bwyta cig gallwch ychwanegu bacwn. Cofiwch goginio'r bacwn yn dda (cam 3). Mae ffa cymysg, ffa gwyrdd, *courgettes* neu buprau yn ddewis da hefyd.

Cynhwysion

- 75g (3 owns) pasta siâp dolenni
- 1 nionyn mawr
- 2 daten
- 2 ddarn o seleri
- 1 foronen (wedi'i glanhau)
- 1 llwy fwrdd olew olewydd
- 1 ddeilen llawryf (bay leaf)
- 1 llwy de oregano
- 1 litr (1¾ peint) stoc llysiau
- 400g (14 owns) tomatos tun wedi'u torri
- caws Parmesan (wedi'i gratio)

tatws

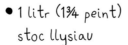

pasta siâp dolenni

moronen

Offer

- cyllell finiog fach
- bwrdd torri
- sosban ganolig
- llwy bren
- sosban fawr gyda chaead
- llwy fawr

llwy fawr

sosban

1 Berwch sosban ganolig o ddŵr cyn ychwanegu'r pasta. Berwch yn araf hyd nes bydd y pasta'n feddal ond heb ei goginio'n llwyr. Tywalltwch y dŵr a rhoi'r pasta o'r neilltu.

2 Torrwch y nionyn yn ddarnau bach. Piliwch y tatws a'u torri yn ddarnau bach y gallwch eu bwyta. Torrwch y seleri a'r foronen yn yr un ffordd.

Wyddoch chi?
Mae rhai pobl yn credu mai Marco Polo ddaeth a pasta o China i'r Eidal yn y drydedd ganrif ar ddeg. Y gwir ydy fod pasta yn cael ei fwyta yn yr Eidal ers Oes y Rhufeiniaid!

Syniad da!
Wrth dywallt y dŵr o'r pasta yng ngham 1 gallwch ychwanegu peth dŵr oer i stopio'r pasta rhag glynu i'r sosban. Bydd y pasta yn dal i goginio!

3 Cynheswch yr olew olewydd mewn sosban fawr. Ychwanegwch y nionyn a'i ffrio ar wres canolig am 8 munud neu hyd nes eu bod yn feddal ac euraid.

4 Ychwanegwch y seleri, y foronen, y tatws, oregano a'r ddeilen llawryf. Cymysgwch yn dda. Tywalltwch y stoc a'r tomatos i'r gymysgedd. Trowch eto a dowch a'r cyfan i'r berw.

5 Pan fo'r cawl yn ffrwtian, trowch y gwres i lawr yn isel. Gorchuddiwch hanner y sosban gyda'r caead a berwch y cawl yn araf am 15 munud neu hyd nes bydd y tatws yn barod.

6 Tynnwch y caead, ychwanegwch y pasta a throi'r cyfan yn dda. Cynheswch y pasta am 5 munud. Codwch y cawl gyda llwy fawr i'r powlenni. Taenwch ychydig o gaws Parmesan ar ei ben.

Ffeithiau Bwyd
Mae pasta yn rhoi egni gan ei fod yn cynnwys carbohydrad. Yn annisgwyl, mae hefyd yn cynnwys peth protein. Cofiwch ddefnyddio pasta cyflawn – mae'n cynnwys mwy o ffibr, fitaminau a mwynau na phasta gwyn.

pasta cyflawn

Pocedi Pitta

Mae tofu yn gynhwysyn maethlon a defnyddiol. Mae'n fwyd heb lawer o flas iddo. Ond, wrth ychwanegu marinâd mae'n newid i flasu fel blas y marinâd. Mae'r saws a ddefnyddir yn y rysáit yma yn rhoi lliw euraid deniadol a blas barbeciw hyfryd iddo.

Wyddoch chi?

Ceuled ffa *(bean curd)* ydy tofu. Mae ffa soya yn cael eu coginio, eu newid yn purée cyn golchi'r dŵr i ffwrdd i adael hylif llaethog. Mae'r hylif hwn yn cael ei gymysgu gyda chynhwysyn arall i roi math o gwstard neu gaws.

tofu *bara pitta*

Cynhwysion

- 250g (9 owns) tofu solet
- ychydig o olew olewydd
- 3 deilen letys Cos (wedi'u torri)
- 2 shilotsyn (wedi'u pilio a'u torri)
- llond llaw o sbrowts alfalfa (dewisol)

- 4 bara pitta cyflawn (wedi'u cynhesu mewn tostiwr neu bopty cynnes)

Marinâd

- 2 lwy fwrdd o saws chilli melys
- 2 lwy fwrdd o sôs coch
- 2 lwy fwrdd saws soy
- ½ llwy de cumin mâl

Offer

- cyllell finiog fechan
- bwrdd torri
- tywel cegin
- llwy bwdin
- dysgl fas
- gradell (griddle)
- gefel neu sbatwla

gefel

gradell

1 Defnyddiwch ddysgl fas i gymysgu'r cynhwysion i gyd ar gyfer y marinâd. Defnyddiwch bapur cegin i sychu'r tofu a'i dorri yn 8 tafell hir.

2 Rhowch y tofu yn y ddysgl gyda'r marinâd. Defnyddiwch lwy i dywallt y marinâd dros y tofu. Gadewch i farinadu am tua 1 awr.

3 Brwshiwch y radell gyda digon o olew olewydd cyn ei gosod ar y gwres. Yn ofalus, rhowch 4 o'r tafelli tofu ar y radell boeth.

Gallwch hefyd ddefnyddio'r marinâd ar dud. 74–75 a thud. 78–79.

Newid Blas!

Dewis arall yn lle tofu ydy stribedi o gyw iâr, porc, twrci neu gig eidion neu hyd yn oed llysiau fel pupur, *courgettes* a nionyn.

Ffeithiau Bwyd

Planhigyn gyda choesyn tenau hir a dail fel meillion ydy alfalfa. Mae'n un o'r planhigion prin hynny sy'n cynnwys protein cyflawn a fitaminau B ac C.

alfalfa

4 Coginiwch y tofu am 4 munud ar y ddwy ochr hyd nes eu bod yn euraid. Wrth goginio gallwch ychwanegu mwy o'r marinâd i'r tofu. Coginiwch y 4 tafell arall yn yr un ffordd.

5 Agorwch ymyl y bara pitta. Rhannwch y letys, y shilóts a'r alfalfa rhwng y bara pitta. Ychwanegwch 2 ddarn o'r tofu.

Cacen Radell

Mae'r crempogau yma yn grempogau sawrus *(savoury)*. Maen nhw'n berffaith fel pryd ysgafn neu fel tamaid i aros pryd.

Syniad da!
Rhowch y bacwn a'r crempogau sy'n barod yn y popty tra byddwch chi'n coginio'r lleill. Beth am ychwanegu ychydig o guacamole?

Wyddoch chi?
Mae corn melys yn perthyn i deulu'r glaswellt. Grawnfwyd ydy corn yn hytrach na llysieuyn. Fel arfer, mae 800 o hadau mewn 16 rhes.

Cynhwysion

- 110g (4 owns) blawd plaen gwyn neu gyflawn
- 1 llwy de soda pobi
- 1 llwy de powdr codi
- 1 wy organig Cymreig
- 100ml llaeth Cymreig
- 75g (3 owns) corn melys (ffres, wedi'i rewi neu mewn tun)
- 284ml llaeth enwyn
- 3 llwy de olew blodau'r haul
- 8 sleisen bacwn di-fraster
- pupur a halen

blawd cyflawn

bacwn

corn melys

Offer

- jwg bach
- fforc neu chwisg
- rhidyll
- powlen gymysgu fawr
- llwy bren
- ffoil
- padell ffrio fawr
- llwy fawr
- sbatwla

chwisg

padell ffrio

50

1 Tywalltwch y llaeth i'r jwg. Yn ofalus, torrwch yr wy i mewn i'r jwg. Cymysgwch y llaeth a'r wy gyda'i gilydd gyda fforc neu chwisg.

2 Rhidyllwch y blawd, soda pobi, powdr codi a phinsied o halen i'r bowlen gymysgu. Gwnewch dwll yng nghanol y blawd.

3 Tywalltwch y gymysgedd llaeth ac wy i ganol y blawd. Yna'n ofalus ychwanegwch y llaeth enwyn a'r corn melys.

4 Cymysgwch y cynhwysion yn ofalus fel bod y cyfan yn cymysgu'n dda. Gorchuddiwch y gymysgedd gyda phlât a'i adael tra mae'r bacwn yn coginio.

5 Leiniwch y gril gyda ffoil. Cyngynheswch y gril i wres canolig. Rhowch y bacwn o dan y gril a'u coginio am 2-3 munud ar bob ochr.

6 Cynheswch hanner yr olew yn y badell cyn tywallt y cytew *(batter)* i'r badell. Mae'r cacennau tua 10cm (4 modfedd) mewn diamedr. Gwnewch yn siŵr fod lle gwag rhwng bob un.

7 Coginiwch am 2-3 munud hyd nes bydd y gwaelod yn euraid. Trowch nhw drosodd a'u coginio ar yr ochr arall. Mae digon o gymysgedd i wneud 12. Gallwch ychwanegu mwy o olew os oes raid.

Ffeithiau Bwyd

Mae llaeth a chynnyrch llaeth yn ffynhonnell wych o galsiwm a ffosfforws sy'n hanfodol ar gyfer dannedd ac esgyrn iach. Yn annisgwyl, mae llaeth glas neu sgim yn cynnwys llawn cymaint o galsiwm a llaeth cyflawn. Mae llaeth hefyd yn cynnwys sinc a fitaminau B yn ogystal â gwrthgyrff (antibodies) sy'n amddiffyn y corff rhag afiechydon. Mae llaeth hefyd yn helpu treuliad.

llaeth

Pizzettas

Yn draddodiadol, mae crwst pizza yn cael ei baratoi gyda burum er mwyn i'r toes godi. Mae'r pizzetas yma yn cael eu paratoi heb ddefnyddio burum. Maen nhw'n cymryd llai o amser i'w paratoi ac maen nhw'n blasu'n ysgafn a chreisionllyd.

Newid Blas!

Gallwch roi llysiau neu gig at y pizzettas yng ngham 7 cyn rhoi'r caws. Mae madarch, pupur coch, gwyrdd, neu felyn, nionod, rocet, tiwna, corgimychiaid, ham, olifs, pepperoni a chyw iâr wedi'i goginio i gyd yn blasu'n grêt!

Cynhwysion

blawd cyflawn

- 275g (9½ owns) blawd codi gwyn neu flawd cyflawn (gydag ychydig mwy ar gyfer sgeintio) (dusting)
- ½ llwy de halen
- 125-150ml llaeth hanner sgim
- 4 llwy fwrdd olew olewydd

Topin:

- 1 cyfran Saws Dipio tomato (tud. 68-69)
- 150g (5½ owns) pelen mozzarella (cael gwared â'r dŵr)
- 50g (2 owns) caws Cheddar aeddfed (wedi'i gratio)

mozzarella

Offer

- rhidyll
- powlen gymysgu fawr
- llwy bren
- rholbren
- 2 fwrdd pobi mawr
- llwy

rhidyll

powlen gymysgu

rholbren

1 Cynhyneswch y popty i 200°C (400°F/Nwy 6). Rhidyllwch y blawd a'r halen i'r bowlen gymysgu. Gwnewch dwll yng nghanol y gymysgedd.

2 Tywalltwch y llaeth a'r olew i'r twll. Cymysgwch gyda llwy bren hyd nes bydd y cyfan yn ffurfio toes.

Ffeithiau Bwyd

Mae caws yn gyfoethog mewn protein a chalsiwm. Yn anffodus, mae caws caled fel Cheddar yn uchel mewn braster dirlawn felly peidiwch â bwyta gormod o gaws. Wrth ddewis caws aeddfed rydych yn llai tebygol o fwyta cymaint gan fod blas cryf i'r caws.

caws Cheddar

3 Ysgeintiwch y bwrdd gweithio a'ch dwylo gyda blawd. Tynnwch y toes allan o'r bowlen a'i dylino am tua 1 munud i wneud pêl lyfn.

4 Ysgeintiwch 2 fwrdd pobi gyda blawd. Rhannwch y toes yn bedair pelen fach. Defnyddiwch y rholbren i rolio pob pelen yn gylch tua 15cm (6 modfedd).

5 Gosodwch y toes yn ofalus ar y byrddau pobi. Rhowch 1-2 llwy fwrdd o'r Saws Dipio Tomato ar bob un (tud. 68-69).

6 Defnyddiwch gefn llwy i wasgaru'r tomato ar draws gwaelod y pizza. Sleisiwch y mozzarella yn 8-12 darn.

7 Ychwanegwch y mozzarella ac unrhyw dopin arall. Ychwanegwch y caws. Coginiwch y pizzettas am 10 munud neu hyd nes bydd y gwaelod wedi codi a'r top yn euraid.

Byrgers Cartref

Mae'r byrgers twrci cartref yma'n flasus iawn. Maen nhw hefyd yn isel mewn braster. Mae'r bara hefyd yn uchel mewn ffibr. Byddwch wedi'u bwyta mewn dim!

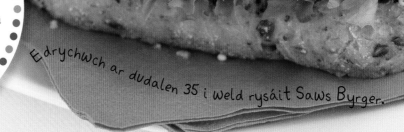

Newid Blas!

Mae rysáit Byrgers Llysieuol ar dudalen 34 yn addas ar gyfer llysieuwyr. Mae'r rhai sy'n bwyta cig yn gallu defnyddio briwgig (*mince*) porc, cig eidion neu gig oen fel dewisiadau eraill.

Edrychwch ar dudalen 35 i weld rysáit Saws Byrger.

Cynhwysion

afalau

blawd cyflawn

- 1 nionyn bach
- 1 afal
- 450g (1 pwys) briwgig twrci, cyw iâr, cig eidion, porc neu gig oen di-fraster
- 1 wy bach
- blawd plaen
- pupur a halen

I weini

- rholiau bara gyda hadau (beth am ddewis bara cyflawn)
- dail letys
- tomatos wedi'u sleisio
- saws (tud. 35)

rholiau bara

dail letys

Offer

llwy bren

- gratiwr
- powlen gymysgu
- llwy bren
- powlen fechan
- fforc neu chwisg
- cling ffilm
- plât mawr
- ffoil
- gefel (tongs)

powlen gymysgu

1 Piliwch y nionyn a'i dorri'n fân. Gratiwch yr afal yn fras gan adael y croen ar y ffrwyth. Gadewch ganol yr afal a'r hadau ar ôl.

2 Rhowch y nionyn a'r afal mewn powlen gymysgu. Ychwanegwch y briwgig. Defnyddiwch eich dwylo neu lwy i droi'r gymysgedd gyda'i gilydd.

3 Torrwch wy i bowlen arall. Curwch y cyfan yn ysgafn gyda fforc neu chwisg. Bydd hyn yn helpu'r gymysgedd i rwymo yn ei gilydd.

4 Tywalltwch y gymysgedd wy i'r gymysgedd briwgig. Ychwanegwch bupur a halen. Yna, gyda dwylo glân cymysgwch gyda'i gilydd – mae'n gallu bod yn hwyl!

5 Rhowch ychydig bach o flawd ar eich dwylo ac ar blât. Cymerwch lond llaw o'r gymysgedd a'i siapio yn grwn a gwastad. Rhowch y byrger ar y plât sy'n cynnwys blawd.

6 Gwnewch yr un fath gyda gweddill y gymysgedd. Rhowch ychydig o flawd yn ysgafn ar y 6 byrger. Gorchuddiwch y byrgers gyda cling ffilm a'u hoeri am 30 munud.

Ffeithiau Bwyd

Mae cig twrci yn cynnwys maetholynnau (nutrients) gwerthfawr fel haearn, sinc a seleniwm. Mae'n ffynhonnell dda o fitaminau B sy'n hanfodol ar gyfer prosesu bwyd yn y corff. Mae cig twrci hefyd yn uchel mewn protein ac yn isel mewn braster. Dyma un o'r bwydydd iachaf sydd i'w gael.

briwgig twrci

7 Cyngynheswch y gril i wres canolig. Rhowch y byrgers ar ffoil ar y gril a'u coginio am 8 munud ar bob ochr - neu hyd nes eu bod wedi'u coginio'n berffaith.

Pizza Cyflym

Beth am ychwanegu llysiau i'r pizza rydych chi wedi ei phrynu yn y siop - corn melys, madarch, olifs, puprau neu sbigoglys *(spinach)?* Mae ychwanegu llysiau yn ychwanegu fitaminau a mwynau hanfodol. Dewis arall ydy ychwanegu ham, wy, tiwna neu gorgimychiaid - sy'n ffynhonnell wych o brotein.

Salad Pasta

Gallwch fwyta pob math o salad. Beth am goginio 125g (4½ owns) o basta gan ddilyn y cyfarwyddiadau ar y pecyn. Yna, ychwanegwch 4 llwy fwrdd pesto (tud. 64-65). Torrwch belen mozzarella 150g (5½ owns) yn ddarnau hawdd i'w bwyta cyn eu cymysgu â'r pasta. Ychwanegwch lond llaw o ddail basil a 12 tomato wedi'u haneru. Gorffennwch y salad gyda chnau pîn.

Prif Brydau

I greu pryd bwyd iach mae cydbwysedd yn bwysig. Ystyriwch eich plât fel tair rhan. Yn gyntaf, y rhan carbohydrad o'r plât - bwydydd fel pasta, tatws neu reis - dyma brif ran y pryd. Yr ail ran, ydy'r rhan brotein o'r plât - bwydydd fel cig, pysgod, dofednod, wyau, cnau neu gorbys. Y rhan olaf o'r plât ydy'r llysiau. Cofiwch fwyta o leiaf 2 awr cyn mynd i'ch gwely er mwyn rhoi amser i dreulio'r bwyd yn dda. Fe welwch fod yna lawer iawn o ryseitiau diddorol yn yr adran hon - dyma rai syniadau syml i aros pryd!

Rhost Sosej a Llysiau

Cyngynheswch y popty i 200°C (400°F/Nwy 6). Gosodwch ddarnau o sgwash *(butternut squash)*, tatws, nionyn (wedi'i dorri yn ddarnau mawr) a sosejys mewn tun rhostio gyda 1 llwy fawr o olew olewydd. Rhostiwch yn y popty am 20 munud. Tynnwch allan o'r popty. Trowch y llysiau a'r sosejys drosodd fel eu bod yn brownio'n braf ar bob ochr. Ychwanegwch domatos bach cyn rhoi'r cyfan yn ôl yn y popty am 10-15 munud.

Llysiau Wedi'u Stemio

Yma, mae'r llysiau yn cael eu stemio uwchben dŵr poeth. Dydy'r llysiau ddim yn y dŵr. O ganlyniad, mae'r llysiau yn cadw'r rhan fwyaf o'u fitaminau - yn arbennig y rhai sy'n hydawdd *(soluble)* mewn dŵr.

Cwscws

Mae cwscws yn ddewis da yn lle reis neu basta. Rhowch 225g (8 owns) cwscws mewn powlen. Tywalltwch ddigon o ddŵr berwedig neu stoc i orchuddio'r cwscws. Trowch y cwscws gyda fforc. Gadewch y cyfan i sefyll am 5-10 munud neu hyd nes bydd y dŵr wedi mynd. Defnyddiwch fforc i fflyffio'r cwscws cyn ei weini.

Cnau a Hadau

Beth am daenu llond llaw o gnau a hadau ar ben salad, *stir-fry*, nwdls neu reis? Mae llond llaw yn gallu gwneud gwahaniaeth mawr o ran lefelau fitaminau B ac E, haearn, sinc a brasterau hanfodol omega-6. Mae cnau ffrengig a hadau pwmpen hefyd yn cynnwys brasterau omega-3.

Ffa Pob

I wneud ffa pob cartref rydych angen tun 200g/7 owns ffa haricot mewn tun (wedi'u sychu a'u golchi), 150ml passata, 1 llwy de mwstard Dijon ac 1 llwy fwrdd yr un o Saws Caerwrangon *(Worcestershire Sauce),* sudd masarn a purée tomato mewn sosban. Dowch a'r cyfan i'r berw cyn gostwng y gwres i'r hanner. Hanner orchuddiwch y sosban a berwi'n ysgafn am 15-20 munud neu hyd nes bydd y saws wedi tewychu. Trowch y cyfan yn achlysurol.

Stir-Fry

Dyma i chi ddull cyflym ac iachus o goginio. Torrwch y cynhwysion i'r un maint fel eu bod yn coginio'n gyflym mewn ychydig bach iawn o olew. Mae moron, puprau, *mangetout, courgettes,* madarch, nionod a *beansprouts* i gyd yn blasu'n wych.

Tatws wedi'u Stwnshio

Os am wneud pryd blasus a lliwgar o datws stwnsh beth am ychwanegu moron, celeriac, sgwash, meipen neu datws melys? Byddwch angen yr un nifer o datws a'r llysieuyn yr ydych wedi'i ddewis. Coginiwch y cyfan mewn dŵr berwedig am 15-20 munud neu hyd nes mae'n barod. Wedi cael gwared â'r dŵr o'r sosban, stwnsiwch yn y sosban. Ychwanegwch laeth Cymreig ac ychydig o fenyn Cymru i wneud stwnsh hynod flasus!

Pasta Tiwna

Mae tiwna yn ffynhonnell dda o brotein braster isel. Mae ychwanegu tiwna at y pasta yn boblogaidd iawn yn yr Eidal. Er bod tiwna mewn tun yn cynnwys ychydig yn llai o omega-3 na thiwna ffres, eto mae'n cynnwys maetholynnau sy'n rhoi egni i'r corff. Yn well na dim, mae'r pryd syml yma yn cymryd ychydig funudau yn unig i'w baratoi.

Newid Blas!

Beth am weini'r pryd yma gyda llysiau gwyrdd? Mae brocoli wedi'i stemio yn ddewis ardderchog - mae'r fitamin C yn y saws tomato yn helpu'r corff i amsugno'r haearn sy'n y brocoli. I roi mwy o brotein beth am ychwanegu tun o ffa fel chickpeas.

Cynhwysion

- 275g (9½ owns) pasta siâp dolenni
- 2 lwy fwrdd olew olewydd
- 2 glof garlleg mawr (wedi'u malu)
- 1 llwy de oregano (dewisol)
- 2 lwy de purée tomato
- 800g (1 pwys 5 owns) tomatos tun wedi'u torri
- ½ llwy de siwgr (dewisol)
- 200g (7 owns) tiwna tun mewn olew olewydd
- pupur a halen

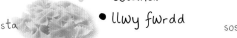
garlleg   dolenni pasta

Offer

- cyllell finiog fach
- bwrdd torri
- sosban ganolig gyda chaead
- sosban fawr
- llwy bren
- colandr
- llwy fwrdd

colandr

sosban

1 Berwch sosban fawr o ddŵr poeth. Ychwanegwch y pasta a'i goginio yn ôl y cyfarwyddiadau. Daliwch i goginio hyd nes bo'r pasta yn weddol feddal.

2 Yn y cyfamser, cynheswch olew mewn sosban dros wres canolig. Ffriwch y garlleg am 1 munud. Ychwanegwch yr oregano, tomatos wedi'u torri a'r purée tomato a throi'r cyfan.

3 Dowch a'r saws i'r berw yna gostwng y gwres. Hanner orchuddiwch y sosban a choginiwch yn ysgafn am 15 munud neu hyd nes bydd y saws wedi'i leihau i un rhan o dair a'i fod yn tewychu.

Does dim angen rhoi siwgr yng ngham 4, oni bai fod y tomatos yn sur.

4 Trowch y tiwna i mewn i'r saws. Hanner orchuddiwch y sosban a'i gynhesu'n llwyr am 2 funud gan ei droi yn achlysurol. Os ydych chi eisiau, ychwanegwch ychydig siwgr i'r saws. Ychwanegwch bupur a halen i flasu.

5 Gwaredwch y dŵr o'r pasta. Cadwch lond dwy lwy fwrdd o'r dŵr. Rhowch y pasta yn ôl yn y sosban. Ychwanegwch y dŵr a throwch y saws i mewn i'r pasta hyd nes bydd y pasta wedi'i orchuddio.

Ffeithiau Bwyd

Mae tomatos yn cynnwys lycopene – dyma sy'n rhoi'r lliw coch i'r tomato. Mae'n un o'r ychydig faetholynnau sy'n hawdd i'w amsugno i'r corff wedi iddo gael ei gynhesu neu mewn ffurf gryfach fel purée neu saws. Mae'n wych ar gyfer cryfhau'r system imiwnedd ac ymladd annwyd. Gwrthocsidydd (antioxidant) ydy lycopene.

tomatos

Burritos Ffa Cymysg

Pryd Mexicanaidd blasus ydy burritos.
Tortillas blawd wedi'u llenwi gyda chig neu
lysiau ydy burritos.

Mae guacamole yn ddewis d
i'w fwyta gyda'r burritos

Cynhwysion

- 1 llwy fwrdd olew olewydd
- 1 nionyn mawr (wedi'i dorri)
- 400g (14 owns) ffa cymysg mewn tun
  (wedi cael gwared â'r dŵr a'u glanhau)
- 1 llwy de oregano
- 400g (14 owns) tomatos
  tun (wedi'u torri)
- 1 llwy fwrdd purée tomato
- 1 llwy de cumin wedi'i falu

- diferyn neu ddau
  Tabasco (dewisol)
- pupur a halen

caws

I weini

- 4 tortilla blawd meddal
- 50g (2 owns) caws aeddfed
  (wedi'i gratio)
- guacamole wedi'i brynu'n
  barod (dewisol)

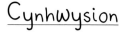
nionyn

tortillas

Offer

- cyllell finiog fach
- bwrdd torri
- sosban ganolig
  gyda chaead
- llwy fawr
- sbatwla neu
  lwy bren

bwrdd
torri

sosban

1 Cynheswch yr olew mewn sosban ganolig. Ychwanegwch y nionyn a'i goginio gan ei droi yn achlysurol am 8 munud neu hyd nes bydd y cyfan yn feddal ac euraid.

2 Ychwanegwch yr oregano, y tomatos wedi'u torri, purée tomato a'r cumin i'r sosban. Rhowch y ffa yn y sosban, trowch y cyfan. Dowch a'r cyfan i'r berw.

Newid Blas!

Os ydych chi am ddewis cig yn lle ffa gallwch ychwanegu 400g (14 owns) o friwgig *(mince)* cig eidion. Dilynwch y cyfarwyddiadau yng ngham 1 cyn ffrio'r cig am 5 munud yng ngham 2. Mae'r cyfarwyddiadau sy'n dilyn yr un fath.

3 Pan fo'r gymysgedd yn ffrwtian, gostyngwch y gwres. Hanner orchuddiwch gyda'r caead a choginio'n ysgafn am 10 munud. Trowch y ffa rhag iddyn nhw lynu i waelod y sosban.

4 Blaswch y ffa. Os ydych chi'n dymuno gallwch ychwanegu pupur a halen gydag ychydig bach o Tabasco. Coginiwch am 5 munud arall gan ei droi yn achlysurol.

Ffeithiau Bwyd

Enw arall ar ffa ydy corbys. Maen nhw'n gyfuniad da o garbohydradau a phrotein. Maen nhw hefyd yn isel mewn braster. Mae bwyta ffa yn cyfrif ar gyfer bwyta 5 y dydd o lysiau a ffrwythau (tud. 8-9).

ffa cymysg

Wyddoch chi?

Ystyr y gair 'burrito' yn Sbaeneg ydy 'mul bach'. Mae'n debyg i'r pryd gael yr enw yma gan fod tortilla wedi'i blygu yn debyg iawn i glust mul!

5 Cynheswch y tortilla mewn microdon. Gosodwch bob un ar blât ac ychwanegwch y gymysgedd ffa. Ysgeintiwch gyda chaws a guacamole.

6 Plygwch un ochr o'r tortilla ac yna'n ofalus plygwch yr ochr arall. Trowch y tortilla drosodd eto i wneud burrito blasus.

Drymstics Cyw Iâr

Mae'r marinâd iogwrt yn rhoi blas arbennig i'r pryd yn ogystal â chadw'r cig yn dyner a blasus. Ychwanegwch salad gwyrdd syml a bara naan cynnes i weini.
Neis iawn!

Byddai'r rhain yn blasu'n wych wedi'u coginio neu wedi eu gosod ar y barbeciw.

lemon

Cynhwysion

- 4 coes cyw iâr gyda'r croen wedi'i dynnu i ffwrdd

Marinâd
- sudd ½ lemon
- 100ml iogwrt naturiol trwchus

letys

- 2 lwy fwrdd sbeis tandoori
- 1 llwy fwrdd olew blodau'r haul

I weini
- siytni mango
- 4 bara naan bach
- letys

bara naan

Offer
- papur cegin
- llwy
- dysgl fawr fas
- powlen
- cling ffilm
- bwrdd pobi
- brwsh crwst
- gefel
- menig popty

menig popty

1 Sychwch y cyw iâr gyda phapur cegin. Gwnewch dri thoriad dwfn ymhob coes. Gosodwch nhw mewn dysgl fawr fas. Gwasgwch y sudd lemon dros goesau'r cyw iâr.

2 Rhowch yr iogwrt a'r sbeis tandoori mewn powlen a'u cymysgu gyda'i gilydd. Defnyddiwch lwy i ychwanegu'r marinâd iogwrt dros y cyw iâr.

Newid Blas!

Os ydy hi'n well ganddoch chi fwyta cig heb esgyrn yna'r dewis gorau ydy brest cyw iâr. Dilynwch gamau 1-4 cyn coginio'r cig am 20-25 munud neu hyd nes bydd y cig wedi'i goginio drwyddo.

Wyddoch chi?

Sbeisys ydy hadau, ffrwythau, codennau neu flagur planhigion. Roedd pobl yn arfer ymladd drostyn nhw gan eu bod nhw mor werthfawr. Maen nhw hyd yn oed wedi cael eu defnyddio fel dull o dalu am nwyddau mewn rhai gwledydd.

3 Gorchuddiwch y cyw iâr â cling ffilm a'u gadael i oeri am o leiaf awr i'r marinâd weithio. Wedi tua 50 munud, cyngynheswch y popty i wres 200°C (400°F/Nwy 6).

4 Brwshiwch olew ar draws gwaelod y bwrdd pobi. Gosodwch y darnau cyw iâr ar y bwrdd pobi i goginio am 15 munud.

5 Wedi 15 munud, trowch y darnau cyw iâr drosodd a'u gorchuddio gyda'r marinâd. Coginiwch am 15 munud arall neu hyd nes byddan nhw wedi'u coginio yn llwyr.

6 Gwnewch yn siŵr fod y darnau cyw iâr wedi'u coginio yn iawn (gofalwch nad oes unrhyw gig coch neu binc). Gallwch eu gweini gyda siytni mango, bara naan cynnes a letys.

Ffeithiau Bwyd

Mae cyw iâr yn ffynhonnell wych o brotein. Mae'n cynnwys seleniwm - maetholyn sy'n ymladd afiechydon. Mae hefyd yn isel mewn braster - yn arbennig felly os ydych chi'n tynnu croen y cyw iâr.

cyw iâr

Pasta Pesto

Gallwch baratoi pasta yn hawdd ac yn gyflym.
Mae'n fwyd maethlon iawn. Beth am baratoi
saws pesto i roi blas hyfryd i'r pasta?

Gallwch ychwanegu pesto at gawl, ei ychwanegu at does bara neu ei roi ar dost.

Newid Blas!

Gallwch ddefnyddio pys, ffa gwyrdd, moron neu flodfresych yn lle'r brocoli. Os ydych chi'n hoffi bwyta cig beth am ychwanegu cyw iâr neu facwn wedi'i goginio.

Cynhwysion

- 250g (9 owns) spaghetti
- 15-20 darnau bach o flodau brocoli

Pesto

- 2 glof mawr garlleg (wedi'u malu'n fras)
- 3 llwy fwrdd cnau pîn
- 4 llwy fwrdd caws Parmesan wedi'i gratio'n fân (ac ychydig ar gyfer gweini)
- 60g (2½ owns) dail basil ffres
- 75ml olew olewydd
- pupur a halen

spaghetti *halen* *pupur* *cnau pîn* *garlleg* *dail basil*

Offer

- cyllell finiog fach
- bwrdd torri
- prosesydd bwyd
- jar gyda chaead
- sosban fawr
- llwy bren
- colandr
- llwy pasta

colandr *bwrdd torri*

Wyddoch chi?
Saws Eidalaidd o ddinas Genova yw pesto. Roedd ar gael adeg y Rhufeiniaid. Mae'r gair 'pesto' yn dod o'r gair Eidalaidd sy'n golygu 'malu'n fân'.

1 Rhowch y garlleg a'r cnau pîn mewn prosesydd. Cymysgwch nes y bydd wedi malu'n fras. Yna, ychwanegwch Parmesan a basil a chymysgwch eto hyd nes bydd yn purée bras.

2 Tywalltwch yr olew olewydd i'r prosesydd a chymysgwch hyd nes bydd yn gymysgedd lyfn. Ychwanegwch bupur a halen. Rhowch y pesto mewn jar gyda chaead.

3 Llenwch y sosban hyd nes y bydd tua tri-chwarter llawn. Ychwanegwch 1 llwy de o halen cyn berwi'r dŵr. Rhowch y pasta yn y sosban.

4 Coginiwch y pasta yn ôl y cyfarwyddiadau ar y paced. Tua 4 munud cyn i'r pasta fod yn barod, ychwanegwch y brocoli a'i goginio'n ysgafn.

5 Tynnwch y dŵr o'r pasta a'r brocoli gan adael 2 lwyaid o'r dŵr coginio. Rhowch y pasta a'r brocoli yn ôl yn y sosban gan ychwanegu'r ddwy lwyaid o'r dŵr coginio.

Ffeithiau Bwyd

Mae brocoli yn anhygoel. Mae'n cynnwys llawer iawn o faetholynnau fel fitaminau B, haearn, sinc a potasiwm. Mae brocoli yn perthyn i'r un teulu â bresych, blodfresych, cêl a sbrowts.

brocoli

6 Ychwanegwch ddigon o pesto i orchuddio'r pasta a'r brocoli (mae'n bosib y bydd gennych beth ar ôl). Trowch a rhannwch y pasta rhwng 4 powlen fas.

Cyw Iâr Gradell a Salad Tatws

Mae'r pryd iachus yma yn hawdd i'w baratoi. Mae'n lliwgar a blasus!

Syniad da!

I wneud yn siŵr fod y cyw iâr wedi'i goginio'n iawn rhowch sgiwer neu flaen cyllell i'r darn tewaf o'r cig. Gwnewch yn siŵr nad oes yna gig coch neu binc. Os nad ydy'r cyw iâr wedi coginio'n iawn, rhowch o'n ôl yn y popty am fwy o amser.

Gallwch fwyta'r cyw iâr hefyd gyda salad gwyrdd neu reis.

Cynhwysion

shilóts

- 4 brest cyw iâr di-groen (tua 150g/5½ owns yr un)

Marinâd
- 2 lwy fwrdd paprika
- 3 llwy fwrdd olew olewydd

Salad Tatws
- 400g (14 owns) tatws newydd bach (wedi'u torri yn eu hanner os oes angen)
- 2 shilotsyn (torri'n fân)
- 8 tomato bach (wedi'u haneru)
- 3 llwy fwrdd mintys ffres wedi'i dorri
- 2 lwy fwrdd olew olewydd
- 1 llwy fwrdd sudd lemon

tomatos bach

Offer

gefel

- dysgl fawr fas
- llwy fwrdd - cling ffilm
- gradell
- gefel
- cyllell finiog fach
- bwrdd torri
- sosban ganolig
- powlen salad

cyllell finiog

1 Cymysgwch y paprika a'r olew mewn dysgl fawr fas. Ychwanegwch y cyw iâr. Yna, rhowch y marinâd dros y cyw iâr. Gorchuddiwch â cling ffilm a'i oeri am tua 30 munud.

Ffeithiau Bwyd

Mae gradell yn debyg iawn i badell ffrio. Mae gradell fodd bynnag, yn sgwâr gyda rhesi o rigolau yn ffurfio gwaelod y radell. Mae hyn yn golygu fod y braster yn llifo i ffwrdd o'r bwyd wrth i'r bwyd gael ei goginio. Mae'n ddull iach iawn o goginio. Mae'r radell yn wych ar gyfer coginio cig, pysgod neu lysiau. Yn ogystal â bod yn ddull iach o goginio mae'n rhoi blas barbeciw hyfryd i'r bwyd.

gradell

2 Cynheswch y radell hyd nes mae'n boeth iawn. Trowch y gwres i lawr cyn rhoi'r cyw iâr ar y radell. Gadewch y cyw iâr ar y radell i goginio am 6 munud bob ochr.

3 Yn ofalus trowch y cyw iâr drosodd gyda'r efel. Rhowch fwy o'r marinâd cyn coginio am 6 munud arall neu hyd nes bydd y cyfan wedi'i goginio yn iawn.

4 Coginiwch weddill y cyw iâr yn yr un ffordd. Gwnewch yn siŵr nad oes cig coch neu binc yn y canol. Mae'n barod i'w weini gyda'r salad tatws.

1 Rhowch y tatws mewn sosban ganolig a'u gorchuddio gyda dŵr. Dowch a'r cyfan i'r berw a berwi'r tatws am 10 munud neu hyd nes bydd y tatws yn barod.

2 Tywalltwch y dŵr o'r tatws a'u rhoi mewn powlen i oeri. Torrwch y shilóts yn ysgafn a hanerwch y tomatos. Rhowch nhw mewn powlen. Ychwanegwch ddail mintys.

3 Defnyddiwch fforc i gymysgu olew olewydd gyda'r sudd lemon. Yna, tywalltwch y dresin dros y salad. Cymysgwch y cyfan yn dda.

Kebabs Cig Oen a Dip Tomato

Mae'r kebabs yma yn cynnwys
sbeis sydd heb fod
yn rhy boeth.
Mae'n bryd
blasus dros ben!

Rhowch y sgiwers pren mewn dŵr am 30 munud – mae hyn yn eu rhwystro rhag llosgi.

Wyddoch chi?

Mae nifer yn credu fod
bwyta garlleg yn eich
cadw'n ifanc.

Cynhwysion

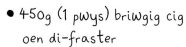
briwgig cig oen di-fraster

- 450g (1 pwys) briwgig cig
  oen di-fraster
- 1 nionyn bach (wedi'i falu)
- 2 glof garlleg mâl
- ½ llwy fwrdd sinamon mâl
- 2 lwy fwrdd cumin mâl
- 1 llwy fwrdd coriander mâl
- olew olewydd (ar gyfer brwshio)
- pupur a halen

Saws Dip Tomato

- 2 lwy fwrdd olew olewydd
- 2 glof garlleg mâl
- 300ml passata (tomatos
  tun wedi'u rhidyllu)
- 1 llwy fwrdd purée tomatos
  wedi'u sychu gan yr haul (sun
  dried) neu purée tomato
- ½ llwy de siwgr

olew olewydd

Offer

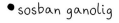
gefel

- sosban ganolig
- powlen gymysgu ganolig
- llwy bren
- bwrdd pobi
- 12 sgiwer pren neu fetel
- gefel

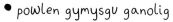
sgiwer pren

llwy bren

1 Tywalltwch yr olew i'r sosban a'i gynhesu'n ysgafn. Ffriwch y garlleg am 1 munud gan ei droi. Ychwanegwch y passata, purée tomato a'r siwgr a dod a'r cyfan i'r berw.

2 Trowch y gwres yn is, gorchuddiwch ran o'r sosban gyda'r caead a choginiwch yn ysgafn am 15 munud. Trowch y saws yn achlysurol rhag iddo lynu i waelod y sosban.

Newid Blas!

Os ydych chi eisiau blas ychydig yn fwy Eidalaidd beth am newid y sinamon, cumin a choriander am 2 lwy de o oregano sych a 2 lwy fwrdd o domatos wedi'u sychu gan yr haul? Dewis arall fyddai ychwanegu powdr cyri i roi blas Indiaidd.

1 Rhowch y briwgig cig oen mewn powlen a'i falu gyda fforc. Ychwanegwch y nionyn wedi'i dorri, garlleg, sinamon, cumin a choriander i'r bowlen.

2 Ychwanegwch bupur a halen. Trowch y cynhwysion a'u cymysgu'n dda. Cyngynheswch y gril i wres canolig. Irwch y bwrdd pobi gydag olew.

3 Rhannwch y gymysgedd yn 12 darn. Siapiwch nhw i siâp sosej a'u gosod ar sgiwer.

4 Rhowch y kebabs cig oen ar y bwrdd pobi a'u coginio am tua 10 munud. Trowch nhw drosodd i wneud yn siŵr eu bod yn coginio'n iawn.

Ffeithiau Bwyd

Mae pob gwlad yn y byd yn defnyddio nionod i baratoi bwyd. Mae nionod a garlleg yn rhoi blas arbennig i lawer iawn o fwydydd gwahanol. Maen nhw hefyd yn cael eu defnyddio i wella afiechydon. Mae nionod a garlleg yn ymladd annwyd a lleihau effeithiau asthma a chlefyd y gwair - maen nhw'n gweithio fel gwrthfacteria a gwrthfirws.

garlleg

nionyn

Parseli Eog

Mae eog yn llawn olew iachus sy'n ein helpu gyda'n gwaith – a'n helpu i gofio! Os nad ydych chi'n hoffi pysgod yna mae'n bosib y bydd y pryd iachus yma yn newid eich meddwl!

Wyddoch chi?

Mae pobl Japan yn bwyta mwy o bysgod nag unrhyw wlad arall yn y byd. Japan hefyd sydd â'r nifer lleiaf o bobl yn dioddef o glefyd y galon yn y byd.

Os ydych chi'n llysieuwr beth am ddewis llysiau fel moron, pupur coch, mangetout, brocoli, shilóts neu courgettes?

Cynhwysion

- 2 lwy fwrdd hadau sesame
- 4 sleisen sinsir ffres (wedi'u pilio a'u torri yn stribedi tenau)
- 2 lwy fwrdd saws soy
- 4 llwy fwrdd sudd oren
- 4 ffiled eog (tua 150g/5½ owns yr un)

moronen

- 1 foronen (wedi'i thorri yn stribedi tenau)
- 1 pupur coch (wedi tynnu'r hadau a'i dorri yn stribedi tenau)
- 3 shilotsyn (wedi'u torri yn stribedi tenau)
- pupur du a halen
- 250g (9 owns) nwdls

sinsir ffres   *nwdls*

Offer

- cyllell finiog fach
- bwrdd torri
- padell ffrio
- bwrdd pobi
- papur pobi

cyllell finiog

bwrdd torri

1 Cyngynheswch y popty i wres 200°C (400°F/Nwy 6). Tostiwch yr hadau sesame mewn padell ffrio sych hyd nes maen nhw'n euraid. Tynnwch nhw o'r badell ffrio a'u gosod naill ochr.

2 Torrwch y papur pobi yn bedwar darn (tua dwywaith maint y darn eog). Gosodwch pob darn o eog ar ddarn o'r papur pobi.

3 Gosodwch gymysgedd o'r stribedi moron, pupur coch, shilóts a sinsir ar ben y darnau eog. Ychwanegwch damaid o saws soy a sudd oren.

4 Ychwanegwch ychydig bupur a halen. Yn ofalus, plygwch waelod a thop pob parsel gan ddod a'r ochrau at ei gilydd gan wneud 4 parsel rhydd taclus.

5 Rhowch y parseli ar y bwrdd pobi a'u pobi am 15 munud. Ychwanegwch y nwdls i'r sosban o ddŵr berwedig a'u coginio gan ddilyn y cyfarwyddiadau ar y paced.

Newid Blas!

Beth am ddefnyddio brest cyw iâr fel dewis arall? Bydd angen coginio'r cyw iâr am tua 20–25 munud neu hyd nes bydd y cyfan wedi coginio'n llwyr. Mae gweddill y rysáit yn union yr un fath.

6 Tynnwch y pysgod o'r popty a gadewch iddyn nhw oeri ychydig cyn agor y parseli. Gweinwch y bwyd gyda nwdls ac ysgeintiad o hadau sesame.

Ffeithiau Bwyd

Mae eog yn ffynhonnell wych o asidau brasterog amlannirlawn (polyunsaturated fatty acids) sy'n cael eu hadnabod fel braster omega-3. Mae'r rhain yn fathau da o fraster sy'n helpu i osgoi clefyd y galon. Maen nhw hefyd yn dda i'r ymennydd, croen, llygaid a'r nerfau (tud.14–15).

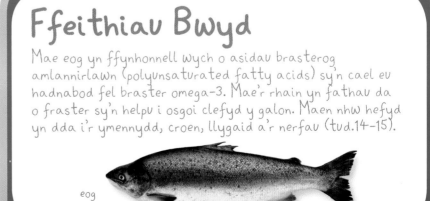

eog

Pasta Llysiau Wedi'u Rhostio

Mae rhostio llysiau yn eu gwneud yn felys a blasus. Dydy'r maeth ddim yn cael ei golli ohonyn nhw chwaith!

Newid Blas!

Byddai ychwanegu sgwash, planhigyn wy, cennin neu foron yn ddewis hynod flasus. Byddai'r rhai ohonoch chi sy'n hoffi cig yn gallu ychwanegu ham neu diwna mewn tun yng ngham 2 neu gyw iâr, bacwn neu sosej sydd wedi'u coginio yn barod.

Cynhwysion

- 1 planhigyn wy (aubergine)
- 1 courgette mawr
- 1 nionyn coch mawr
- 6 clof garlleg (cyfan)
- 1 pupur coch mawr (wedi tynnu'r hadau)
- 3 llwy fwrdd olew olewydd

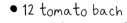

caws

- 12 tomato bach
- 300g (10½ owns) pasta siâp sbeirals neu tiwbs
- 4 llwy fwrdd crème fraiche braster isel
- 75g (3 owns) caws aeddfed (wedi'i gratio)
- 1 llwy fwrdd mwstard grawn cyfan
- pupur a halen

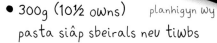

planhigyn wy

Offer

- cyllell finiog fach
- bwrdd torri
- tun rhostio
- sosban fawr
- llwy bren
- powlen gymysgu fach
- llwy de

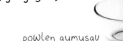

sosban

powlen gymysgu

1 Cyngyneswch y popty i 200°C (400°F/Nwy 6). Sleisiwch y planhigyn wy, *courgettes* a'r pupur coch yn ddarnau hawdd eu bwyta. Torrwch y nionyn yn 8 darn.

2 Rhowch y planhigyn wy, *courgettes*, nionyn, garlleg a'r pupur coch yn y tun rhostio. Rhowch damaid o olew dros y llysiau a'u troi fel bod y llysiau wedi'u gorchuddio.

Ffeithiau Bwyd

Mae puprau coch, gwyrdd a melyn yn llawn fitamin C. Maen nhw'n arbennig o dda ar gyfer croen, dannedd ac esgyrn iach. Mae puprau coch yn cynnwys lefelau uwch o beta caroten sy'n eu gwneud yn fwy effeithiol i ymladd firysau.

puprau coch

3 Rhostiwch am 15 munud cyn tynnu'r tun o'r popty. Ychwanegwch y tomatos a'u gorchuddio'n ysgafn gyda'r olew. Rhostiwch am 10 munud neu hyd nes bydd y llysiau yn barod.

4 Yn y cyfamser, dowch a sosban fawr o ddŵr i'r berw. Ychwanegwch y pasta a'u coginio yn ôl y cyfarwyddiadau ar y paced hyd nes bydd y cyfan yn barod ond heb fod yn rhy feddal.

Syniad da!

Mae dewis mawr o siapiau pasta ar gael. Dewiswch y rhai sy'n 'dal' y saws fel penne, rigatoni a farfalle yn lle pasta hir fel spaghetti neu tagliatelle.

5 Tynnwch y clofs garlleg o'r tun rhostio. Gwagiwch y dŵr o'r pasta ac ychwanegwch nhw at y llysiau yn y tun. Piliwch a thorrwch y garlleg yn fân.

6 Cymysgwch y garlleg gyda'r crème friache a'r mwstard. Ychwanegwch y crème fraiche i'r pasta a'r llysiau. Ysgeintiwch gydag ychydig o gaws.

7 Ychwanegwch y pupur a'r halen cyn cymysgu'r cyfan gyda'i gilydd. Rhowch y tun yn ôl yn y popty am 5 munud neu hyd nes bydd y caws wedi toddi a bod y bwyd wedi cynhesu drwyddo.

Sbaribs a Thaten Bob

Mae'r saws barbeciw yn rhoi blas hyfryd i'r sbaribs porc yma. Defnyddiwch eich dwylo i'w bwyta! Pleser llwyr!

Gallwch farinadu'r sbaribs dros nos er mwyn cael gwell blas.

sbaribs porc

Cynhwysion

- 1kg (2 bwys 4 owns) sbaribs (spare ribs) porc
- 4 taten o faint canolig (wedi'u glanhau)
- 4 llwy fwrdd hufen sur (dewisol)
- 2 lwy fwrdd cennin syfi (chives) (dewisol)

Marinâd

Tabasco

- 2 lwy fwrdd mêl
- 1 llwy fwrdd finegr balsamig
- 4 llwy fwrdd sôs coch
- 2 lwy fwrdd siwgr brown meddal
- 1 llwy fwrdd mwstard Dijon
- 1 llwy fwrdd olew olewydd
- 3 diferyn Tabasco (dewisol)

Offer

- jwg
- fforc
- ffoil llydan iawn
- tun pobi
- menig popty
- cyllell

tun pobi

ffoil llydan iawn

1 Rhowch y cynhwysion ar gyfer y marinâd mewn jwg a'u cymysgu. Rhowch y sbaribs ar ddarn mawr o ffoil wedi'i blygu yn ei hanner. Tywalltwch y marinâd dros y cig.

2 Gwnewch yn siŵr fod y sbaribs wedi'u gorchuddio. Casglwch y ffoil o amgylch y cig a'i selio. Gadewch i farinadu yn yr oergell am o leiaf 1 awr.

3 Cyngynheswch y popty i 200°C (400°F/ Nwy 6). Glanhewch y tatws a'u tyllu gyda fforc. Pobwch y tatws am 1 awr neu hyd nes bydd y canol yn feddal.

4 Tynnwch y parsel ffoil o'r oergell a'i osod yn ofalus ar y tun pobi. Coginiwch yn y popty gyda'r tatws am 30 munud.

5 Agorwch y parsel ffoil yn ofalus. Coginiwch y sbaribs yn y parsel agored am 30 munud arall neu hyd nes y byddan nhw wedi coginio'n iawn.

Newid Blas!

Mae'n bosibl defnyddio'r marinâd yma gyda chyw iâr, twrci, pysgod, llysiau a tofu. Dewis arall ydy ei goginio ar y barbeciw yn lle rhostio.

6 Torrwch y tatws yn eu hanner a'u hagor. (Cymerwch ofal – maen nhw'n boeth!) Rhowch ychydig o hufen sur a chennin syfi ar ben y tatws. Gweinwch gyda'r sbaribs.

Ffeithiau Bwyd

Mae pobi yn ffordd dda o goginio tatws. Mae'n ddull syml sydd ddim yn defnyddio braster. Mae tatws yn fwyd sy'n cynnwys carbohydradau startsh sy'n rhoi egni. Maen nhw hefyd yn cynnwys fitaminau B ac C, haearn a photasiwm sy'n gwella imiwnedd y corff yn erbyn afiechydon. Croen y tatws sy'n cynnwys y lefelau uchaf o ffibr sy'n helpu'r corff i dreulio bwyd yn fwy effeithiol.

tatws

Jambalaya

Pryd lliwgar o Louisiana yn yr Unol Daleithiau ydy Jambalaya. Mae'n bryd reis Creole neu Cajun. Mae'n hawdd iawn i'w baratoi gan fod y cynhwysion gyda'i gilydd yn yr un sosban. Mae'n bosib addasu'r rysáit ar gyfer llysieuwyr drwy newid y cyw iâr a'r ham am lysiau ychwanegol, tofu neu sosejys sydd ddim yn cynnwys cig.

Newid Blas!

Dewis blasus arall i'r rysáit yma fyddai ychwanegu corgimychiaid, porc, ffa neu lysiau fel pys a *courgettes*.

Cynhwysion

- 2 lwy fwrdd olew olewydd
- 3 brest cyw iâr di-fraster
- 1 nionyn mawr (wedi'i falu)
- 200g (7 owns) ham wedi'i fygu
- 2 glof mawr garlleg (wedi'i falu)
- 1 pupur coch (wedi tynnu'r hadau a'i dorri'n ddarnau bach hawdd eu bwyta)
- 1 llwy de paprika
- 1 chilli gwyrdd (wedi tynnu'r hadau a'i dorri'n fân)
- 1 llwy de teim wedi'i sychu
- 700ml stoc cyw iâr neu stoc llysiau cynnes
- 3 llwy fwrdd tomatos tun wedi'u torri
- 250g (9 owns) reis brown
- 50g (2 owns) pys
- pupur a halen

pupur

pys

Offer

- rhidyll (sieve)
- cyllell finiog fach
- bwrdd torri
- sosban fawr gyda chaead
- llwy bren

bwrdd torri

sosban

1 Rhowch y reis yn y rhidyll a'i golchi mewn dŵr oer hyd nes bydd y dŵr yn lân. Mae golchi'r reis yn dda cyn coginio yn rhwystro'r reis rhag glynu gyda'i gilydd.

2 Torrwch y nionyn yn ddarnau bach a'u gosod o'r neilltu. Yna'n ofalus, torrwch y cyw iâr a'r ham yn ddarnau bach hawdd eu bwyta. Cynheswch yr olew mewn sosban fawr.

3 Ffriwch y cyw iâr a'r nionyn am 8 munud dros wres canolig hyd nes bydd y cyw iâr yn euraid drosto. Trowch yn gyson fel nad ydy'r cyw iâr yn glynu i'r sosban.

Am fwy o faeth a lliw ychwanegwch y pys ddau funud cyn i'r reis fod yn barod yng ngham 5.

Wyddoch chi?

Mae un hedyn reis yn cynhyrchu dros 3,000 o hadau reis. Dyma'r grawnfwyd mwyaf cynhyrchiol sydd i'w gael. Mae'n cael ei dyfu o dan bob math o amodau.

Ffeithiau Bwyd

Reis ydy un o brif fwydydd y byd. Mae reis yn cael ei dyfu ers tua pum mil o flynyddoedd cyn geni Crist. Mae'n ffynhonnell wych o egni. Mae reis brown yn iachach na reis gwyn gan fod ynddo fwy o ffibr a mwy o fitaminau a mwynau. Mae plisgyn y reis, y bran a'r bywyn (germ) wedi cael eu tynnu i ffwrdd gan leihau gwerth maethlon y reis.

reis

4 Ychwanegwch yr ham, garlleg, pupur coch a'r chilli a'u coginio am 2 funud. Ychwanegwch paprika, teim, reis, stoc a'r tomatos. Trowch, a dod a'r cyfan i'r berw.

5 Rhowch y gwres yn isel, gorchuddiwch y sosban a choginiwch yn ysgafn am 35 munud neu hyd nes bydd y reis wedi'i goginio a'r stoc wedi sychu. Ychwanegwch ychydig o bupur a halen cyn gweini'r pryd.

Kebabs Lliwgar

Mae paratoi'r rhain yn lot o hwyl – mwy fyth o hwyl i'w bwyta! Maen nhw'n gwneud pryd llysieuol perffaith ar gyfer barbeciw yn yr haf.

Newid Blas!

Beth am dorri darnau sgwâr o gyw iâr, cig eidion, porc, cig oen neu bysgod ar gyfer rhai sy'n hoffi cig? Ar gyfer llysieuwyr beth am ddefnyddio madarch, planhigion wy neu shilóts yn ychwanegol i'r pupur coch, nionyn coch neu *courgettes*.

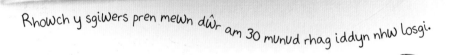

Rhowch y sgiwers pren mewn dŵr am 30 munud rhag iddyn nhw losgi.

Cynhwysion

- 250g (9 owns) tofu solet
- 2 courgettes bach (pob un wedi'u torri yn 8 darn)
- 2 nionyn coch canolig (wedi'u pilio a'u torri yn 8 darn mawr)
- 1 pupur coch canolig (wedi tynnu'r hadau a'i dorri yn 16 o ddarnau bach)
- 250g (9 owns) nwdls wy
- 1 llwy fwrdd hadau sesame wedi'u tostio (dewisol)

nwdls

Marinâd

nionyn coch

- 2 lwy fwrdd olew olewydd
- 1 llwy fwrdd saws soya
- 3 llwy fwrdd saws ffa du
- 1 llwy fwrdd mêl sy'n llifo
- 2 glof garlleg (wedi'u malu)
- pupur a halen

pupur coch

Offer

- dysgl fawr fas
- dysgl fawr ● tywel cegin
- cyllell finiog
- bwrdd torri
- llwy
- 8 sgiwer pren neu fetel
- brwsh crwst
- sosban
- gefel a cholandr

gefel

colandr

1 Sychwch y tofu yn sych gyda thywel cegin. Torrwch yn 16 darn sgwâr. Rhowch y darnau mewn dysgl gyda'r *courgettes*, nionod a'r pupur coch.

Newid Blas!

Gallwch newid y marinâd dwyreiniol am farinâd o Fôr y Canoldir. I wneud y marinâd yma cymysgwch 4 llwy fwrdd o olew olewydd, 2 lwy fwrdd finegr balsamig, 2 glof garlleg wedi'u malu ac 1 llwy fwrdd o fêl sy'n llifo.

Ffeithiau Bwyd

Mae tofu yn un o'r ychydig fwydydd sy'n brotein cyflawn ar ei ben ei hun. Mae'n cynnwys cydbwysedd iach o asidau amino sy'n adnewyddu ac yn cynnal y corff. Mae hefyd yn isel mewn braster ac yn ffynhonnell dda o haearn, calsiwm, magnesiwm a fitaminau B1, B2 a B3. Gallwch goginio tofu solet drwy eu ffrio, ffrio'n ddwfn, sauté, fel stir-fry neu wedi'i grilio. Gan fod tofu yn weddol ddi flas mae'n well ei farinadu neu ei roi gyda chynhwysion eraill sydd â blas cryf arnyn nhw.

tofu

2 Cymysgwch y cynhwysion i wneud y marinâd mewn powlen fawr. Defnyddiwch lwy i orchuddio'r tofu a'r llysiau gyda'r marinâd. Rhowch yn yr oergell am o leiaf 1 awr.

3 Cyngynheswch y gril i wres canolig-uchel. Gosodwch y pupur coch, tofu, nionyn coch a'r *courgettes* ar 8 sgiwer.

4 Rhowch y kebabs ar y gril gan eu brwshio gyda'r marinâd. Griliwch am 15-20 munud gan eu troi hanner ffordd trwy'r coginio a rhoi marinâd arnyn nhw gyda brwsh.

5 Tra bod y kebabs yn coginio, berwch sosban o ddŵr. Ychwanegwch y nwdls a'u coginio yn ôl y cyfarwyddiadau. Defnyddiwch y colandr i wagio'r dŵr o'r nwdls.

6 Mae dau kebab i bob person. Trefnwch y nwdls ar blât gan roi'r kebabs ar ben y nwdls. Ysgeintiwch gyda hadau sesame.

Hotpot Sosej

Mae ffrwythau yn rhoi blas melys naturiol i'r caserol yma. Mae hefyd yn cynnwys fitaminau llesol. Mwynhewch y pryd cynnes hwn gyda thatws stwnsh ysgafn a llysiau gwyrdd wedi'u stemio.
Pryd gwych ar gyfer misoedd y gaeaf.

Newid Blas!

Dewisiadau eraill ar gyfer y rysáit yma fyddai twrci, porc, cig eidion neu sosejys llysieuol. Mae'r sosejys yn cael eu brownio yng ngham 2 cyn cael eu coginio'n araf drwyddyn nhw.

Ewch i dudalen 57 i weld rysáit am Datws Stwnsh grêt.

Cynhwysion

- 2 afal bwyta
- 2 lwy fwrdd olew olewydd
- 6-8 sosej (twrci, porc, cig eidion neu lysieuol)
- 1 nionyn (wedi'i dorri)
- 1 foronen (wedi'i thorri'n fân)
- 2 glof garlleg (wedi'u torri'n fân)
- 1 llwy perlysiau cymysg (mixed herbs)

- 110g (4 owns) bacwn di-fraster wedi'i dorri yn ddarnau bach i'w bwyta (dewisol)
- 400g (14 owns) ffa borlotti neu ffa pinto (wedi eu sychu a'u glanhau)
- 400ml stoc cyw iâr neu lysiau
- 4 llwy fwrdd tomatos mewn tun
- 1 llwy fwrdd purée tomatos
- pupur a halen

stoc

sosejys

Offer

- piliwr llysiau
- cyllell finiog fach
- bwrdd torri
- sosban ar gyfer y popty gyda chaead (neu sosban fawr a dysgl caserol gyda chaead)
- menig popty
- llwy bren
- jwg   ● gefel

bwrdd torri

sosban

1 Piliwch groen yr afalau yn ofalus gyda'r piliwr. Torrwch yr afalau yn chwarteri a thorri'r canol. Torrwch yr afalau yn ddarnau hawdd i'w bwyta.

2 Cyngynheswch y popty i 200°C (400°F/Nwy 6). Cynheswch yr olew mewn sosban fawr neu ddysgl. Coginiwch y sosejys am 5 munud neu hyd nes y byddan nhw'n frown drostyn nhw.

Ffeithiau Bwyd

Mae'n siŵr eich bod wedi clywed y dywediad Saesneg 'An apple a day keeps the doctor away!' Wel, mae'n edrych yn debyg fod hynny'n wir gan fod afalau yn cynnwys egni a gwrthocsidyddion fel fitamin C. Maen nhw hefyd yn gallu glanhau'r corff o docsinau.

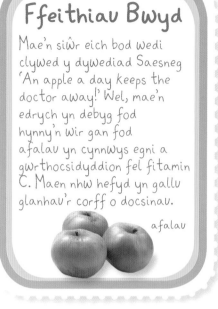

afalau

3 Tynnwch y sosejys o'r ddysgl neu'r sosban a'u rhoi o'r neilltu. Rhowch y nionyn a'r foronen i mewn a'u coginio dros wres canolig am 5 munud gan droi'r cyfan yn gyson.

4 Ychwanegwch y garlleg, bacwn a'r perlysiau, trowch y cyfan yn dda a'u coginio am 6 munud. (Rhowch mewn dysgl gaserol fawr os nad ydych chi'n defnyddio dysgl sy'n addas ar gyfer y popty).

Wyddoch chi?

Yn ystod yr Ail Ryfel Byd roedd sosejys yn cael eu galw yn 'bangers'. Roedd sosejys yn cynnwys dŵr oedd yn ffrwydro wrth i'r sosejys goginio! Mae 5 miliwn o boblogaeth gwledydd Prydain yn bwyta sosejys pob dydd.

5 Ychwanegwch y tomatos, pureé tomato, afalau a'r sosejys a'u troi. Tywalltwch y stoc i mewn a dod a'r cyfan i'r berw. Ychwanegwch y ffa a'u troi yn dda.

6 Gorchuddiwch gyda chaead a rhoi'r cyfan mewn popty sydd wedi'i gyngynhesu. Coginiwch am 25 munud. Fe ddylai'r saws dewychu a'r afalau droi yn feddalach.

7 Cymerwch ofal wrth dynnu'r ddysgl gaserol o'r popty gan y bydd yn boeth iawn. Ychwanegwch bupur a halen. Mae'r pryd yn barod i'w weini gyda thatws stwnsh a llysiau.

Bysedd Pysgod a Thatws Melys

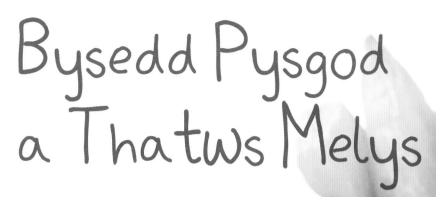

Beth am arbrofi gyda'r pryd iachus yma – mae'n iachach na phryd o sglod a sgod! Mae'n hawdd i'w baratoi ac yn hynod o flasus!

Wyddoch chi?

Mae siopau sglod a sgod i'w gweld yng Nghymru ers diwedd y bedwaredd ganrif ar bymtheg. Maen nhw wedi parhau'n boblogaidd fel pryd handi.

Cynhwysion

- 400g (14 owns) hoki neu bysgodyn gwyn arall
- 100g (3½ owns) blawd corn mân neu polenta
- 2 lwy fwrdd sbeis Cajun neu paprika (dewisol)
- 1 wy organig (wedi'i guro)
- pupur a halen
- 2 lwy fwrdd olew olewydd

Tatws Melys
- 2 daten felys fawr (wedi'u glanhau)

polenta

ffiled pysgod

Offer

- cyllell finiog fach
- bwrdd torri
- tywel cegin
- tun rhostio
- plât
- tun pobi
- gefel

bwrdd torri

tun pobi

Newid Blas!

Mae'n bosib defnyddio tatws cyffredin yn lle tatws melys i wneud y pryd blasus yma. Mae'r dull o'u coginio yn union yr un fath.

1 Cyngynheswch y popty i wres 200°C (400°F/Nwy 6). Torrwch y tatws melys yn eu hanner cyn eu torri yn eu hanner eto i wneud wejis bach. Sychwch gyda thywel cegin.

2 Rhowch hanner yr olew i mewn i'r tun rhostio cyn rhoi'r wejis i mewn. Gorchuddiwch nhw gydag olew a'u pobi am 30 munud. Cofiwch eu troi hanner ffordd trwy'r coginio.

3 Yn y cyfamser, torrwch yr hoki yn stribedi 1cm (½ modfedd) o led. Cymysgwch y blawd corn neu'r polenta gyda'r perlysiau ar y plât. Ychwanegwch bupur a halen.

4 Fesul un, dipiwch pob stribed i mewn i'r wy wedi'i guro ac yna i mewn i'r blawd corn. Gwnewch yn siŵr fod y cyfan ohonyn nhw â gorchudd drostyn nhw i gyd.

5 Ychwanegwch weddill yr olew i'r tun pobi cyn gosod y pysgod i mewn. Wedi i'r tatws fod yn coginio am 22 munud, rhowch y pysgod yn y popty.

6 Pobwch y pysgod am 8 munud. Cofiwch eu troi hanner ffordd. Fe ddylai'r pysgod fod o liw euraid ac wedi'u coginio'n drwyadl. Gweinwch gyda'r wejis tatws a phys.

Ffeithiau Bwyd

Dewiswch y tatws melys sydd â chroen lliw oren gan fod y rhain yn cynnwys mwy o beta caroten. Mae'r rhai gwyn yn cynnwys llai ohono. Mae beta caroten yn cael ei newid yn fitamin A yn y corff.

tatws melys

Cig Eidion yr Enfys

Mae *stir-fry* yn un o'r dulliau cyflymaf o baratoi pryd lliwgar a maethlon. Gallwch hefyd ei weini ar wely o reis yn lle nwdls.

Wyddoch chi?

Ystyr y gair Ffrangeg *mangetout* ydy 'bwyta popeth' gan eich bod yn bwyta'r llysieuyn i gyd. Enw arall ar *mangetout* ydy pys yr eira.

Cynhwysion

- 300g (10½ owns) cig eidion di-fraster (wedi'i dorri yn stribedi tenau)
- 1 llwy fwrdd olew blodau'r haul
- 250g (9 owns) nwdls wyau canolig
- 1 pupur coch (wedi tynnu'r hadau a'i dorri yn stribedi)
- 75g (3 owns) mangetout

corn bach

- 6 corn bach (wedi'u haneru)
- 3 shilotsyn (wedi'u torri ar draws)
- 2 glof garlleg (wedi'i falu)
- 2 lwy de sinsir ffres wedi'i gratio
- 4 llwy fwrdd sudd oren ffres

Marinâd

- 6 llwy fwrdd saws hoisin
- 2 lwy fwrdd saws soy
- 1 llwy fwrdd mêl sy'n llifo
- 1 llwy de olew sesame

mangetout

nwdls

Offer

- cyllell finiog fach
- bwrdd torri
- llwy
- dysgl fas
- wok neu badell ffrio fawr
- sbatwla neu lwy bren
- gefel
- sosban ganolig
- colandr

gefel

colandr

1 Rhowch gynhwysion y marinâd mewn dysgl fas. Cymysgwch nhw gyda'i gilydd ac ychwanegwch y stribedi cig eidion. Gorchuddiwch gyda'r marinâd a'u gosod o'r neilltu am 1 awr.

2 Cynheswch olew blodau'r haul yn y wok neu'r badell ffrio. Defnyddiwch yr efel i dynnu'r cig eidion allan o'r marinâd a'u rhoi yn y wok neu'r badell ffrio.

Ffeithiau Bwyd

Mae stir-fry yn ddull iachus o baratoi bwyd. Mae'r cynhwysion yn cael eu coginio'n gyflym iawn gydag ychydig iawn o olew. Mae'r lefelau braster yn isel iawn. Mae'r llysiau hefyd yn cadw eu fitaminau a'u mwynau sydd gan amlaf yn cael eu colli wrth goginio.

wok

3 Gan droi'r cyfan yn gyson, coginiwch y cig ar wres uchel am 1½ munud neu hyd nes bydd y cyfan wedi brownio. Defnyddiwch yr efel i dynnu'r cig eidion allan a'i osod o'r neilltu.

4 Dowch a sosban o ddŵr i'r berw. Ychwanegwch y nwdls i'r dŵr, trowch gan ddilyn y cyfarwyddiadau ar y paced hyd nes bydd y cyfan wedi'i goginio.

Newid Blas!

Dewisiadau eraill ydy stribedi o gig porc neu gyw iâr. Dewis arall fyddai defnyddio corgimychiaid neu tofu. Gwnewch yn siŵr eich bod yn defnyddio'r marinâd er mwyn cael y blas gorau.

5 Os ydy'r wok yn sych rhowch fwy o olew. Ychwanegwch y pupur coch, y corn bach, *mangetout* a'r shilóts. Coginiwch y cyfan yn y wok am 2 funud.

6 Ychwanegwch y garlleg, sinsir, cig eidion a'r marinâd sy'n weddill a'u coginio am 1 munud. Tywalltwch y sudd oren, ei droi a'i goginio am funud arall.

7 Defnyddiwch y colandr i wagio'r dŵr o'r nwdls. Rhannwch y cyfan rhwng 4 powlen fas. Gosodwch y llysiau a'r *stir-fry* cig eidion dros y nwdls. Mae'n barod i'w weini.

Purée Ffrwythau

Mae sawsiau purée ffrwythau yn flasus ac yn ddewis da. Gallwch eu hychwanegu at iogwrt, hufen iâ a phwdinau eraill. Defnyddiwch ffrwythau sy'n llawn sudd melys fel mangos, ffrwythau'r perthi neu nectarîns. Trowch y ffrwythau yma yn purée mewn cymysgydd. Gan amlaf, does dim angen siwgr.

Cwstard Banana

Cymysgwch yr un faint o bio iogwrt plaen a chwstard parod. Rhowch sleisys banana mewn powlen gan dywallt y cwstard drostyn nhw. Dewis arall fyddai defnyddio afalau wedi'u stiwio (tud. 17).

Pwdinau

Dydy cadw'n iach ddim yn golygu nad ydych chi'n gallu bwyta pwdin! Mae diet cytbwys yn golygu eich bod yn gallu bwyta y rhan fwyaf o fwydydd – beth sy'n bwysig ydy bod yn gymedrol. Gall bwyta ambell bwdin roi cyfle i fwyta mwy o ffrwythau fel rhan o'r diet. Mae'n bwysig cofio fod pwdinau a chacennau yn gallu bod yn uchel mewn braster felly mae'n bwysig bwyta'n gall. Mae rhywbeth ar gyfer pawb yn yr adran hon. Mae ryseitiau yma ar gyfer jeli ffrwythau, crymbl creisionllyd, myffins afal ac ambell loli lyfli! Dyma i chi ychydig o syniadau syml eraill ar gyfer paratoi pwdinau blasus i'w bwyta!

Iogwrt Ffrwythau

Mae iogwrt sy'n cael ei brynu o siop yn gallu bod â llawer o siwgr ynddo ac ychydig iawn o ffrwythau. Beth am wneud iogwrt eich hunan drwy ychwanegu purée ffrwythau ffres i bio iogwrt trwchus neu iogwrt byw? Dyna beth ydy dewis iachus!

Crymbl bach

Cyngynheswch y popty i wres 180°C (350°F/Nwy 4). Rhowch 2 lwy fawr o gymysgedd crymbl o dudalen 102-103 dros 3 nectarîn/eirin gwlanog (*peach*) wedi'u haneru a thynnu'r garreg. Gosodwch y ffrwythau mewn tun pobi. Rhowch ychydig ddŵr i mewn i'r tun i gadw'r ffrwythau rhag sychu gormod. Coginiwch yn y popty am 20 munud.

Spred Ffrwythau Cartref

Rhowch 110g (4 owns) bricyll wedi'u sychu sy'n barod i'w bwyta a 110g (4 owns) datys wedi'u sychu sy'n barod i'w bwyta mewn sosban gyda 425ml o ddŵr. Dowch a'r cyfan i'r berw cyn troi'r gwres i lawr, gorchuddiwch, a'u goginio'n ysgafn am 45 munud. Rhowch mewn cymysgydd, ychwanegwch 5 llwy fwrdd o ddŵr a chymysgwch yn pureé. Storiwch mewn jar yn yr oergell hyd at wythnos o amser.

Banana Siocled

Cyngynheswch y popty i wres 180°C (350°F/ Nwy 4). Sleisiwch fanana ar ei hyd ond heb dorri'r fanana drwyddi. Rhowch ddarnau bach o siocled i mewn i'r hollt. Gosodwch y fanana mewn ffoil. Pobwch am 20 munud neu hyd nes bydd y siocled wedi toddi.

Popcorn

Rhowch 1 llwy fwrdd o olew blodau'r haul mewn sosban ganolig. Cynheswch yr olew ac yna rhowch un haenen o'r popcorn yn unig ar y gwaelod. Rhowch y caead ar y sosban a choginiwch dros wres canolig. Cofiwch ysgwyd y sosban yn achlysurol hyd nes bydd y corn wedi popio. Cymerwch ofal i beidio â chodi'r caead cyn i'r popio orffen!

Salad Ffrwythau Cynnes

Beth am goginio rhai o'ch hoff ffrwythau sych mewn ychydig o ddŵr am tua 20 munud neu hyd nes bydd y ffrwythau wedi chwyddo ac yn feddal? Gallwch ychwanegu coes sinamon ac ychydig o nytmeg mân. Gweinwch gyda iogwrt naturiol.

Hufen Iâ Banana

Rhowch fanana wedi'i philio mewn cling ffilm. Rhowch yn y rhewgell am tua 2 awr neu hyd nes bydd y cyfan yn solet. Tynnwch y cling ffilm a rhoi'r fanana mewn prosesydd bwyd hyd nes y bydd wedi malu'n fras. Gweinwch mewn powlen gyda drisl o sudd masarn ac ychydig o gnau.

Powlen Ffrwythau

Mae'r pwdin lliwgar hwn yn llawn maeth a daioni ffrwythau ffres. Yn well fyth does dim angen golchi llestri!

Wyddoch chi?

Mae mwy o siwgr mewn lemon nag sydd mewn mefus! Mefus ydy'r unig ffrwyth ble mae'r hadau yn tyfu ar ochr allan y ffrwyth.

Cynhwysion

- ½ melon Cantaloupe mawr
- 150–200g (5–7 owns) ffrwythau fel eirin, bricyll, grawnwin, mefus, mafon neu fwyar duon wedi'u torri neu sleisys o nectarîn, eirin gwlanog, oren, afal neu kiwi
- 4 llwy fwrdd sudd oren ffres

sudd oren

mefus

Offer

- cyllell finiog
- bwrdd torri
- offer torri peli melon neu lwy de
- powlen gymysgu fawr

llwy melon

1 Sgŵpiwch yr hadau allan o ganol y melon a chael gwared ohonyn nhw. Torrwch ddarn bach o waelod y melon fel ei bod yn sefyll i fyny fel plât gweini.

Ffeithiau Bwyd

Mae melonau, ac yn arbennig y rhai sydd gyda chroen oren yn cynnwys llawer iawn o beta caroten. Maen nhw'n werthfawr ar gyfer gweld yn dda ac ar gyfer tyfu. Mae'n ffrwyth sy'n llawn sudd yn ogystal â fitamin C.

melon

2 Defnyddiwch yr offer torri melon neu lwy de i sgwpio allan canol y melon. Gadewch ymyl o tua 1cm (½ modfedd) o amgylch ymyl y melon i wneud siâp powlen.

3 Paratowch weddill y ffrwythau drwy eu golchi, eu pilio, eu sleisio a chael gwared â'r hadau. Cymysgwch y cyfan gyda'r sudd oren a'r peli melon mewn powlen fawr.

4 Llenwch y bowlen felon gyda'r salad ffrwythau ac yna ychwanegwch unrhyw sudd. Bwytwch y cyfan yn syth i gael blas ffres y ffrwythau – a'r fitaminau!

Iogwrt Iâ Trofannol

Mae'r iogwrt iâ hufennog hwn yn ddewis gwych yn lle hufen iâ. Mae'r ffrwythau ffres yn llawn fitaminau. Hefyd mae'r bio iogwrt naturiol yn llyfn gyda blas hufennog sy'n cynnwys llawer llai o fraster na hufen iâ arferol. Mae'r pwdin hefyd yn cynnwys bacteria llesol sy'n wych ar gyfer treulio bwyd ac mae'n uchel mewn calsiwm.

Newid Blas!

Dewisiadau eraill yn lle'r mango a'r banana ydy mefus, eirin, nectarîns, mafon ac eirin gwlanog. Fe fyddwch chi angen tua 450g (1 pwys) o ffrwythau ar gyfer y pwdin.

Wyddoch chi?

Mae dros 50% o fangos y byd yn cael eu tyfu yn India. Mae'r mango yn perthyn i'r un teulu â'r cashew, y pistachio a'r eiddew gwenwynig.

Cynhwysion

● 2 fango aeddfed canolig
● 2 fanana ganolig (wedi'u pilio)
● 500g (1 pwys 2 owns) bio iogwrt naturiol trwchus
● 3 llwy fwrdd siwgr eisin
● gwasgiad sudd lemon

iogwrt

bananas

Offer

● cyllell finiog
● bwrdd torri
● cymysgydd neu brosesydd bwyd
● llwy
● bocs plastig gyda chaead
● chwisg neu fforc
● sgŵp hufen iâ

sgŵp hufen iâ

1 Paratowch bob mango trwy dorri'n agos hyd at ddwy ochr y garreg. Cymerwch y ddwy sleisen fwyaf. Torrwch y ffrwyth â phatrwm cris-croes i lawr at y croen.

2 Gwasgwch bob mango y tu chwith allan gan dorri'n ofalus ddarnau sgwâr o fango. Torrwch y mango sydd ar ôl yn ymyl y garreg. Gwnewch yr un peth gyda'r mango arall.

3 Torrwch neu sleisiwch y bananas a'u rhoi yn y cymysgydd. Yna, ychwanegwch y mango, iogwrt, siwgr a gwasgiad o sudd lemon.

Tynnwch yr hufen iâ o'r rhewgell tua 30 munud cyn ei fwyta.

4 Cymysgwch y cyfan hyd nes bydd y gymysgedd yn drwchus a hufennog. Tywalltwch y gymysgedd i focs plastig gan roi caead arno a'i roi yn y rhewgell.

5 Wedi 2-3 awr chwisgiwch y gymysgedd gyda fforc i falu'r crisialau iâ. Rhowch yn ôl yn y rhewgell a gwnewch hyn eto ar ôl 3 awr arall. Mae'r iogwrt iâ iachus yn barod i'w weini.

Ffeithiau Bwyd

Mae mangos yn gyfoethog mewn fitamin C a beta caroten. Maen nhw hefyd yn ffynhonnell dda o fitamin A a B. Cofiwch bod y fitaminau hyn yn cael eu colli wrth eu coginio.

mango

Lolis Eirin Gwlanog ac Oren

Mae'r lolis yma yn cymryd ychydig funudau yn unig i'w paratoi. Dyma i chi ffordd wych o gyflwyno ffrwythau i'ch diet. Ychwanegwch iogwrt naturiol trwchus i wneud loli iogwrt wedi rhewi.

Wyddoch chi?

Eirin gwlanog ydy ffrwyth taleithiol De Carolina ac mae Georgia yn cael ei galw yn 'Dalaith yr Eirin Gwlanog'.

Cynhwysion

- 3 eirin gwlanog aeddfed neu nectarîns
- 300ml sudd oren ffres
- 1–2 lwy fwrdd siwgr eisin
- 4 llond llwy fwrdd o ffrwythau salad tun mewn sudd naturiol a ceirios glacé (dewisol)

ceirios glacé

sudd oren

Offer

- cyllell finiog fach
- bwrdd torri
- llwy fawr (gyda rhigolau (slots))
- 2 bowlen
- cymysgydd
- 4 mowld loli iâ

mowld loli

1 Mae eirin gwlanog yn gallu bod yn anodd i'w pilio – ond mae dull hawdd o'u pilio. Defnyddiwch lwy â rhigolau i roi'r ffrwyth mewn dŵr berwedig.

2 Wedi tua 30 eiliad, tynnwch y ffrwyth o'r dŵr poeth a'i osod yn syth mewn dŵr oer. Fe ddylai'r croen bilio i ffwrdd yn hawdd.

Newid Blas!

Gallwch ychwanegu haenau gwahanol o ffrwythau fel ffrwythau'r perthi, mangos, kiwis, orennau neu fananas. Bydd angen rhewi pob haen am tua 45 munud cyn ychwanegu'r haen nesaf.

3 Sleisiwch y ffrwyth yn ofalus a thynnwch y garreg. Rhowch yn y cymysgydd. Ychwanegwch y sudd oren ac 1 llwy fwrdd o siwgr eisin.

4 Cymysgwch yr eirin gwlanog, sudd oren a'r siwgr eisin hyd nes y bydd yn llyfn ac ewynnog. Blaswch y sudd ac ychwanegwch fwy o siwgr eisin os bydd angen.

Ffeithiau Bwyd

Mae eirin gwlanog yn llawn fitamin C ac yn ffynhonnell dda o botasiwm a ffibr. Maen nhw'n cynnwys beta caroten sy'n cael ei newid gan y corff i greu fitamin A. Eirin gwlanog gyda chroen llyfn ydy nectarîn.

eirin gwlanog

5 Defnyddiwch lwy i roi hanner y salad ffrwythau yn y 4 mowld. Tywalltwch y sudd i bob mowld hyd nes maen nhw'n hanner llawn. Ychwanegwch weddill y salad ffrwythau a cheirios ac yna'u llenwi â sudd ffrwythau.

6 Gosodwch y ffyn yn y mowld a'u rhewi am o leiaf 6 awr. Cyn eu bwyta tynnwch y lolis allan o'r rhewgell a gadael iddyn nhw doddi ychydig.

• **Paratoi** 20 munud • **Oeri** o leiaf 6 awr neu dros nos o ddewis • **Ar gyfer** 4–6

Jeli'r Haul

Mae'r jeli yma o sudd ffrwythau ac orennau ffres gyda llai o siwgr na jeli cyffredin. Ond mae'r jeli'n cynnwys siwgr, felly pwdin i'w fwyta'n achlysurol ydy'r pwdin yma.

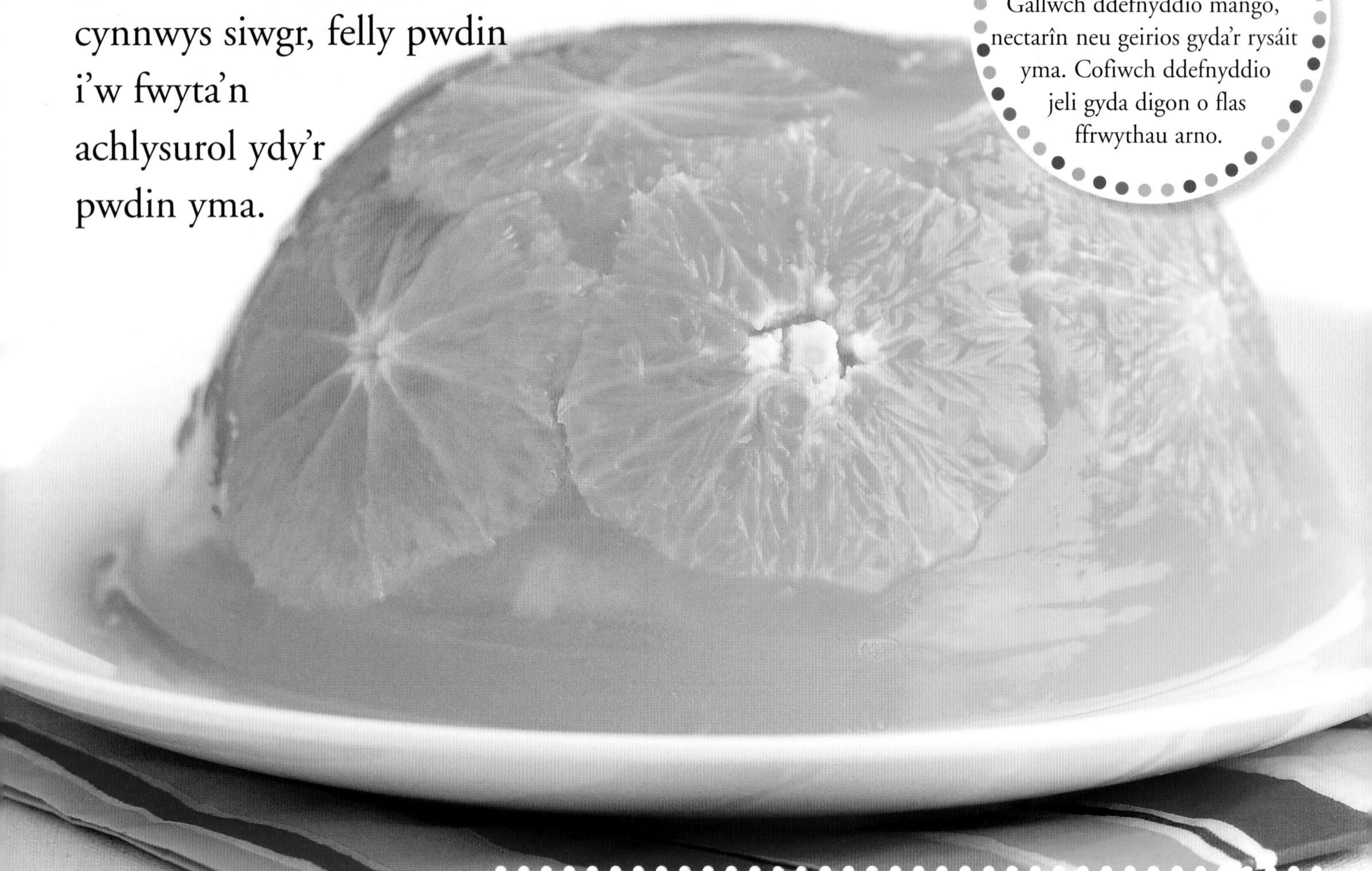

Newid Blas!

Gallwch ddefnyddio mango, nectarîn neu geirios gyda'r rysáit yma. Cofiwch ddefnyddio jeli gyda digon o flas ffrwythau arno.

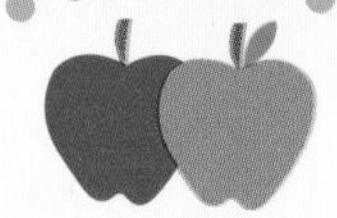

Wyddoch chi?

Roedd jeli yn cael ei fwyta ganrifoedd yn ôl yn yr Aifft. Mae jeli a hufen iâ yn bwdin poblogaidd iawn yng Nghymru.

Cynhwysion

- 2 oren
- 1 x 85g paced o ronynnau (granules) llysieuol sy'n cynnwys ffrwyth lemon
- 100ml sudd oren ffres

orennau

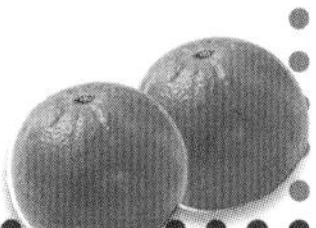

Offer

cyllell finiog

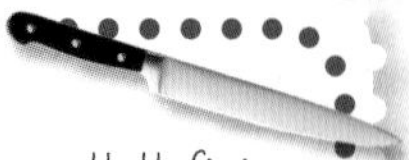

- cyllell finiog fach
- plât neu fwrdd torri
- 600ml mowld jeli neu bowlen wydr
- jwg
- plât gweini

powlen gymysgu

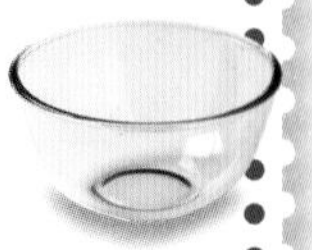

1 Torrwch sleisen o un pen yr oren fel ei bod yn sefyll ar blât neu fwrdd torri. Sleisiwch i lawr yn ofalus i dorri'r croen a chanol yr oren.

2 Torrwch yr oren yn sleisys crwn tenau. Trefnwch rhai o'r sleisys yma ar waelod ac ochrau'r mowld neu'r bowlen wydr.

3 Tywalltwch y sudd oren i mewn i'r jwg, ychwanegwch y gronynnau jeli gan ychwanegu dŵr berwedig hyd at uchafswm o 600ml (1 peint).

4 Trowch yn ofalus hyd nes bydd y gronynnau wedi toddi. Tywalltwch hanner y jeli cynnes yn ofalus i mewn i'r mowld ar ben y sleisys oren.

5 Rhowch weddill y sleisys oren ar ben y jeli cyn ychwanegu gweddill y jeli ar y top. Gadewch i oeri, yna ei gadw mewn lle oer am o leiaf 6 awr i setio.

Syniad da!

Mae ffrwythau fel pinafal, kiwi, papaya, pawpaw a ffigys yn anaddas ar gyfer y rysáit hon gan eu bod yn cynnwys ensymau sy'n rhwystro'r jeli rhag setio.

6 Rhowch blât gweini ar ben y mowld cyn troi'r cyfan drosodd yn ofalus fel bod y plât oddi tanodd. Fe ddylai'r jeli ddod yn rhydd o'r mowld yn weddol hawdd.

Ffeithiau Bwyd

Fel ffrwythau citrws eraill, mae orennau yn ffynhonnell wych o fitamin C. Maen nhw'n llawn blas a melyster naturiol. Mae'n well defnyddio sudd ffrwythau sydd wedi'i wasgu yn lle sudd sydd wedi'i brosesu — os ydych chi'n gweld 'concentrate' ar y carton yna mae'n fwy na phosib y bydd llawer o'r maetholynnau wedi eu colli.

sudd oren

Ffyn Ffrwythau gyda Dip Siocled Oren

Mae lot o hwyl i'w gael wrth baratoi'r pwdin yma – heb sôn am yr hwyl o'i fwyta! Mae'n wych ar gyfer partïon. Gallwch ddefnyddio unrhyw rai o'ch hoff ffrwythau.

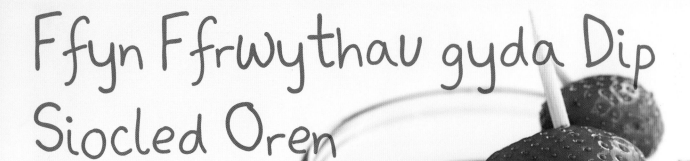

Cynhwysion

siocled

- ½ melon Cantaloupe (gyda'r hadau wedi'u tynnu)
- 1 pinafal bach
- 3 ffrwyth kiwi (wedi'u pilio)
- 18 mefus

Dip Siocled Oren

- 150ml llaeth Cymreig
- 100g (3½ owns) siocled llaeth neu blaen (wedi'i dorri yn ddarnau bach)
- croen 1 oren (wedi'i gratio)

mefus

melon

Offer

- sosban ganolig
- llwy bren
- cyllell finiog
- bwrdd torri
- offer torri melon neu lwy de
- 18 ffon coctel pren

offer torri melon

1 Tywalltwch y llaeth i'r sosban ac ychwanegwch yr oren wedi'i gratio. Dowch a'r llaeth i'r berw. Yn ofalus, symudwch y sosban o'r gwres cyn ychwanegu'r siocled.

2 Trowch y llaeth yn ysgafn hyd nes bydd y siocled wedi toddi. Tywalltwch y saws i bowlen a'i adael i oeri ychydig tra rydych chi'n paratoi'r ffyn ffrwythau.

Newid Blas!

Gallwch fwynhau unrhyw rai o'ch hoff ffrwythau gyda'r rysáit hon. Mae'r ffyn yn blasu'r un mor dda wrth eu dipio mewn iogwrt neu saws ffrwythau (tud. 86).

1 Defnyddiwch gyllell i dorri dau ben y pinafal. Daliwch y pinafal i fyny ar fwrdd torri gan dorri ar i lawr i dorri'r croen i ffwrdd.

2 Sleisiwch y pinafal a chwarterwch pob sleisen. Torrwch ganol y pinafal a'r llygaid. Hanerwch y melon a sgŵpiwch y melon fel peli gyda'r offer neu lwy de.

3 Torrwch ddau ben y kiwi. Gan ddal y ffrwyth ar i fyny sleisiwch ar i lawr oddi wrthych chi i dynnu'r croen i ffwrdd. Yna, torrwch yn ddarnau bach.

4 Rhowch ddarnau o'r pinafal, pelen felon, mefusen a darn o kiwi bob yn ail ar y ffon goctel. Paratowch 18 o'r ffyn a'u gweini gyda dip siocled.

Ffeithiau Bwyd

Mae 5 gwaith mwy o fitamin C mewn kiwi nag oren. Mae kiwi hefyd yn ffynhonnell dda o ffibr. Gallwch hyd yn oed fwyta croen y kiwi!

kiwi

Mae pinafal ffres neu pinafal tun yn ffynhonnell wych o fitamin C yn ogystal â fitamin B1.

pinafal

Hufen Iâ a Ffrwythau

Mae mwy na digon o fitaminau yn yr hufen iâ ffrwythau yma – ac mae'n flasus iawn! Gallwch hefyd ychwanegu eich hoff ffrwythau i'r rysáit. Os nad oes ganddoch chi ddigon o amser i baratoi'r Iogwrt Iâ Trofannol, yna fe allwch ddefnyddio dau sgŵp o hufen iâ fanila.

Syniad da!

Yr amser gorau i brynu ffrwythau ydy pryd mae'r ffrwythau'n cael eu casglu'n ffres. O'u bwyta'n ffres maen nhw'n faethlon iawn! Mae sudd lemon yn ychwanegu at flas y mefus ac yn cadw'r mefus rhag ocsideiddio a throi'n frown.

Cynhwysion

- 8 sgŵp bach o Iogwrt Iâ Trofannol (rysáit – tud. 90-91)
- 4 sgŵp bach o hufen iâ fanila
- amrywiaeth o ffrwythau ffres – mefus, mango, kiwi neu fafon (mae nifer y ffrwythau sydd eu hangen arnoch yn dibynnu ar faint eich gwydrau)
- fflêcs cnau almon wedi'u tostio (dewisol)

Saws Mefus
- 350g (12 owns) mefus
- gwasgiad o sudd lemon ffres
- ychydig o siwgr eisin

mango

mafon

Offer

- cyllell finiog
- bwrdd torri
- rhidyll
- cymysgydd neu brosesydd bwyd
- sgŵp hufen iâ
- 4 gwydr sundae

kiwi

banana

⚠️

1 Y cam cyntaf ydy paratoi'r Saws Mefus. Torrwch y mefus yn eu hanner. Rhowch nhw yn y cymysgydd hyd nes bydd y mefus yn ffurfio purée llyfn heb unrhyw lympiau.

2 Gwasgwch y purée mefus drwy'r rhidyll gan ddefnyddio cefn llwy i gael gwared ag unrhyw hadau. Ychwanegwch ychydig o sudd lemon ac ychydig o siwgr eisin i felysu.

3 Rhowch sgŵp o Iogwrt Iâ Trofannol mewn gwydr gan ychwanegu llwyaid o Saws Mefus. Ychwanegwch ychydig ffrwythau a sgŵp o hufen iâ fanila.

4 Ychwanegwch mwy o saws a ffrwythau cyn ychwanegu sgŵp arall o Iogwrt Iâ ac ychydig o gnau. Paratowch y tri gwydryn arall.

Ffeithiau Bwyd

Mae mefus yn ffynhonnell wych o fitamin C. Mae fitamin C yn llesol ar gyfer y croen, y gwallt a'r ewinedd. Mae hefyd yn helpu'r corff i ymladd afiechydon.

mefus

Myffins Afalau Melys

Newid Blas!
Gallwch ddefnyddio bara rhesin, *brioche* neu fara gyda chyrens yn lle'r myffins. Dewis blasus arall fyddai defnyddio sgon ffrwythau, bagel, crempog neu waffle.

Os ydy amser yn brin mae'r pwdin syml yma'n hawdd iawn i'w baratoi. Os ydych chi am bwdin maethlon yna does dim angen tynnu'r croen oddi ar yr afalau – chi bia'r dewis!

Gallwch weini'r afalau meddal euraid yma ar ben myffins. Grêt!

Cynhwysion

- 3 afal bwyta
- 2 lwy de sudd lemon
- 2 lwy fwrdd menyn di-halen (+ ychydig mwy ar gyfer coginio'r myffins)
- 2 lwy fwrdd siwgr brown golau
- ½ llwy de nytmeg mâl
- 2 wy organig (wedi'u curo'n ysgafn)
- 4 llwy fwrdd llaeth
- 4 myffin sinamon a rhesin (wedi'u haneru)

myffins

wyau wedi'u curo

Offer

- cyllell finiog fach
- bwrdd torri
- powlen ganolig
- llwy bren
- padell ffrio fawr
- ffoil tun
- llwy fwrdd
- sbatwla
- dysgl fas

dysgl fas

padell ffrio fawr

1 Torrwch yr afalau yn chwarteri a thynnwch ganol yr afal. Torrwch yr afalau yn sleisys tenau. Rhowch nhw mewn powlen, ychwanegwch sudd lemon i orchuddio'r afalau.

2 Toddwch y menyn yn y badell ffrio. Ychwanegwch y sleisys afalau. Coginiwch ar wres canolig-isel am 3-4 munud gan eu troi.

Ffeithiau Bwyd

Mae'n well i beidio pilio'r afalau. Mae tua dwy ran o dair o'r ffibr a'r gwrthocsidyddion yn y croen. Mae gwrthocsidyddion yn lleihau'r difrod i'r celloedd – sy'n gallu achosi afiechydon. Mae afalau yn helpu treuliad yn ogystal â bod yn dda i'r croen.

afalau

3 Ychwanegwch y siwgr a'r nytmeg. Coginiwch am 1-2 funud arall neu hyd nes bydd yr afalau wedi meddalu a bod y saws yn troi'n euraid ac yn carameleiddio.

4 Tynnwch yr afalau o'r gwres a'u rhoi mewn powlen. Gorchuddiwch y bowlen i gadw'r afalau yn gynnes. Rhowch o'r neilltu er mwyn paratoi'r myffins.

Wyddoch chi?

Cafwyd hyd i afalau wedi'u llosgi yn y Swistir sy'n profi fod pobl yn bwyta afalau ers o leiaf y flwyddyn 6500 Cyn Crist. Roedd afalau hefyd yn boblogaidd gyda'r Groegwyr a'r Rhufeiniaid.

5 Rhowch y wyau a'r llaeth mewn dysgl fas a'u cymysgu gyda'i gilydd. Fesul un, rhowch hanner y myffins yn y gymysgedd wy.

6 Gadewch i unrhyw gymysgedd wy i ddiferu oddi ar y myffins. Yna, toddwch ddarn o fenyn mewn padell ffrio a'i wasgaru ar draws y badell.

7 Fesul dau, rhowch y myffins yn y badell ffrio a'u coginio ar bob ochr am tua 2 funud neu hyd nes bydd yr wy wedi setio ac mae'r myffins yn euraid.

Crymbl Ceirch

Pwdin traddodiadol ydy'r crymbl.
Mae'n hynod flasus ac mor hawdd i'w baratoi.
Mae'r rysáit draddodiadol hon wedi'i haddasu
i gynnwys ceirch a hadau sy'n gwneud
pwdin iachus iawn.

Newid Blas!

Gallwch ddefnyddio ffrwythau gwahanol i'ch siwtio chi. Mae ffrwythau ar eu gorau yn ystod yr haf felly beth am gynnwys necatrîns, eirin gwlanog, eirin neu riwbob. Tua diwedd yr haf/hydref beth am fwynhau ffrwythau'r perthi, afalau neu gellyg?

Cynhwysion

- 4 afal bwyta
- 200g (7 owns) llus (blueberries) (wedi'u dadrewi os ydyn nhw wedi'u rhewi)
- 4 llwy fwrdd sudd afal ffres
- 1 llwy fwrdd siwgr muscovado ysgafn

Topin

- 75g (3 owns) blawd gwyn plaen
- 75g (3 owns) blawd cyflawn
- 75g (3 owns) menyn di-halen (wedi'i dorri'n ddarnau bach)
- 75g (3 owns) siwgr muscovado ysgafn
- 3 llwy fwrdd hadau blodau'r haul
- 1 llwy fwrdd hadau sesame
- 3 llwy fwrdd ceirch wedi'u rholio

hadau blodau'r haul

siwgr muscovado

Offer

- powlen gymysgu fawr
- cyllell finiog fach
- bwrdd torri
- llwy
- dysgl 900ml sy'n gwrthsefyll gwres (ovenproof)
- jwg bach

cyllell finiog

bwrdd torri

powlen gymysgu

1 Cyngynheswch y popty i 180°C (350°F/Nwy 4). Rhowch y blawd plaen gwyn a'r blawd cyflawn mewn powlen gymysgu fawr. Trowch y cyfan gyda llwy.

2 Ychwanegwch y menyn. Rhwbiwch y menyn a'r blawd gyda'i gilydd gyda'ch bysedd fel bod y cyfan fel briwsion bara. Ychwanegwch y siwgr, yr hadau a'r ceirch.

3 Torrwch y croen o'r afalau a'u torri'n chwarteri. Torrwch ganol yr afalau cyn eu sleisio yn ddarnau bach hawdd i'w bwyta.

Gallwch adael y croen ar yr afalau – mae'n dda i chi!

4 Rhowch y darnau afal mewn dysgl arbennig (*ovenproof*). Ychwanegwch y llus a'r sudd afal. Gwasgarwch ychydig siwgr ar y top.

5 Ychwanegwch y topin cyn rhoi'r ddysgl yn y popty. Coginiwch am 35 munud hyd nes bydd y top yn dechrau brownio.

Ffeithiau Bwyd

Mae llus, er gwaethaf eu maint, yn ffrwythau iachus iawn. Yn ôl gwaith ymchwil diweddar, roedd llus yn uchel iawn ar restr bwydydd iach – roedd 40 o ffrwythau a llysiau eraill yn is ar y rhestr planhigion llesol oedd yn help i osgoi afiechydon! Mae llus yn cynnwys gwrthocsidyddion sy'n helpu i osgoi canser a chlefyd y galon. Maen nhw hefyd yn helpu i ymladd haint, yn helpu'r cof ac yn eich cadw yn ifanc!

llus

Pwdin Bara Ffrwythau

Mae'r pwdin traddodiadol yma yn hawdd
a chyflym i'w baratoi. Fel arfer, mae'r pwdin
yn cael ei adael dros nos i'r sudd
o'r ffrwythau fwydo
i mewn i'r bara.

Wyddoch chi?

Mae'r gair Saesneg '*companion*' yn
dod o'r geiriau Lladin '*com*' sy'n
golygu 'gyda' a '*panis*' sy'n golygu
'bara' felly mae'r gair '*companion*'
yn golygu 'gyda'r un yr ydych
yn rhannu bara'.

Cynhwysion

hen fara
cyflawn

mwyar duon

- 8 tafell o fara cyflawn
  (hen fara o ddewis)

- 600g (1 pwys 5 owns)
  mefus, mwyar duon, cyrens
  duon neu fafon ffres neu
  wedi'u rhewi

- 125ml dŵr

- 100g (3½ owns) siwgr mân

sosban
ganolig

mefus

Offer

rhidyll

- bwrdd torri
- sosban ganolig
- torrwr crwst mawr neu siswrn
- powlen
- llwy bren
- rhidyll
- dysgl fas fawr
- llwy fwrdd
- sbatwla neu sleis pysgod

llwy
bren

1 Defnyddiwch siswrn neu dorrwr crwst i dorri'r bara i'r siâp o'ch dewis. (Defnyddiwch cymaint o'r bara ag sy'n bosib i osgoi gwastraff.)

2 Rhowch y cyfan ond llond llaw o'r ffrwythau mewn dŵr a thua dwy ran o dair o'r siwgr mewn sosban. Trowch a dod a'r cyfan i'r berw. Trowch y gwres i lawr ychydig.

Ffeithiau Bwyd

Bara ydy un o brif fwydydd gwledydd Ewrop, y Dwyrain Canol ac India. Mae bara yn cael ei baratoi drwy bobi, stemio neu drwy ffrio toes. Mae mwy na 200 o fathau gwahanol o fara ar gael. Y dewis gorau ydy'r bara sy'n defnyddio grawn cyflawn. Mae'r rhain yn cynnwys ffibr a fitaminau B.

bara

3 Coginiwch y ffrwythau yn ysgafn am tua 7 munud neu hyd nes bydd y ffrwythau yn feddal ac yn llawn sudd. Blaswch ac ychwanegwch fwy o siwgr os ydy'r ffrwythau yn sur.

4 Rhidyllwch y sudd o'r ffrwythau i mewn i bowlen. Gwasgwch y ffrwythau drwy'r rhidyll i bowlen arall i wneud purée. Taflwch yr hadau.

Newid Blas!

Gallwch ddefnyddio'r purée ffrwythau yma ar Grempogau Banana (tud. 28-29) neu Iogwrt Iâ Trofannol (tud. 90-91).

5 Gosodwch y 4 siâp bara mewn dysgl fas fawr ac ychwanegwch y purée hyd nes bydd y bara wedi'i orchuddio'n gyfan gwbl gyda ffrwythau.

6 Ychwanegwch ail ddarn o fara ar ben y cyntaf. Ychwanegwch weddill y purée a sudd y ffrwythau. Gwasgwch y bara gyda chefn llwy.

7 Gadewch am o leiaf 30 munud i adael i'r bara sugno'r sudd. Codwch allan o'r ddysgl yn ofalus a'u haddurno gyda gweddill y ffrwythau ac ychydig o'r sudd.

Fflapjacs Afal

Cyngynheswch y popty i wres 180°C (350°F/Nwy 4). Dros wres isel toddwch 125g (4½ owns) menyn gyda 150g (5½ owns) siwgr brown meddal a 3 llwy fwrdd triog melyn. Rhowch 250g (8 owns) ceirch uwd (*porridge oats*), 1 afal (wedi torri'r canol a'i gratio) a 2 lwy fwrdd o hadau blodau'r haul i mewn i bowlen gymysgu a'i droi gyda'r gymysgedd fenyn. Tywalltwch i dun sgwâr 20cm (8 modfedd) wedi'i iro a phobwch yn y popty am 20-25 munud. Gadewch i oeri cyn ei dorri'n sgwariau.

Pobi

Mae bisgedi a chacennau sy'n cael eu prynu mewn siop yn aml yn uchel mewn siwgr a braster. Mae llawer o'r ryseitiau yn yr adran hon yn cynnwys ffrwythau sy'n uchel mewn melyster naturiol a fitaminau. Defnyddir blawd cyflawn hefyd gan fod mwy o ffibr a fitaminau B ynddo. Dyma rai syniadau.

Tarten Afal

Cyngynheswch y popty i 180°C (350°F/Nwy 4). Defnyddiwch y crwst brau parod (*ready-rolled puff pastry*) a'i dorri yn gylchoedd 10cm (4 modfedd). Gosodwch yr afalau wedi'u sleisio'n denau ar draws gan adael lle gwag o tua ½ modfedd o amgylch yr ochr. Marciwch y crwst o amgylch y ffrwythau. Toddwch ychydig o jam neu fêl mewn sosban fechan a brwshio'r afalau. Rhowch ar dun pobi a'u pobi am 20-25 munud neu hyd nes bydd y crwst yn euraid.

Bara Ceirch

Mae bwydydd carbohydrad fel ceirch yn cynyddu lefelau serotonin yn yr ymennydd. Mae hyn yn gwneud i ni deimlo'n hapus. Dyma sut i addasu'r rysáit ar gyfer rholiau bara ar dudalen 122-123 i wneud torth o fara: Rhowch 50g (12 owns) o geirch yn lle 50g (12 owns) blawd bara cyflawn yng ngham 2. Yng ngham 6 gwnewch 1 dorth fawr yn lle 10 rholyn bara. Ysgeintiwch y dorth gyda cheirch cyn pobi yng ngham 7.

Sgons Sawrus

Cyngynheswch y popty i wres 220°C (425°F/Nwy 7). Rhidyllwch 110g (4 owns) o flawd cyflawn a blawd codi gyda ½ llwy de o halen mewn powlen. Rhwbiwch i mewn 50g (2 owns) o fenyn hyd nes bydd y cyfan fel brwision bara. Gwnewch dwll yn y canol a thywalltwch i mewn 150ml o laeth. (Gallwch hefyd ychwanegu 50g/2 owns o gaws, tomatos wedi'u sychu yn yr haul neu ham.) Cymysgwch y cyfan gyda'i gilydd i wneud toes gludiog cyn ei droi allan ar fwrdd wedi'i baratoi gyda blawd. Tylinwch yn ysgafn hyd nes bydd y toes yn llyfn ac yn barod i'w dorri i gylchoedd tua 2.5 cm (1 modfedd) o drwch. Torrwch yn gylchoedd llai, brwshiwch y topiau gyda llaeth. Rhowch mewn tun pobi wedi'i iro a'u pobi am tua 20 munud.

Brechdan Agored

Gallwch wneud bara drwy ddefnyddio gwahanol fathau o flawd ar wahân i flawd gwenith. Gallwch ddefnyddio blawd spelt, rhyg, blawd corn neu wenith yr hydd (*buckwheat*). Beth am flasu brechdan agored gyda math newydd o fara. Gallwch arbrofi gydag ychwanegu letys, caws y bwthyn (*cottage cheese*) neu ham.

Myffins Ffrwythau

Mae ffrwythau ffres a rhai sydd wedi'u sychu yn rhoi melyster a fitaminau wrth bobi. Ar dudalen 108-109 rydych yn gallu cymysgu 125g (4 owns) o'ch hoff ffrwythau – afalau, bananas, bricyll neu fathau o lus neu fafon i mewn i'r gymysgedd yng ngham 4 yn lle'r datys.

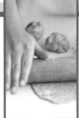 

Flatbread

Mae'r *flatbread* yma yn gwneud *wrap* gwych. Rhowch 175g (6 owns) blawd codi cyflawn a ½ llwy de halen mewn powlen. Ychwanegwch 1 llwy fwrdd olew llysiau a 120ml o ddŵr i wneud toes meddal. Tylinwch ar fwrdd wedi'i orchuddio â blawd a rhowch y toes mewn powlen sydd wedi'i hiro'n ysgafn. Gorchuddiwch gyda cling ffilm a'i adael am 1 awr. Yna, rhannwch y toes yn 8 darn a'u rholio yn gylchoedd, tua 2mm (¹/₁₂ modfedd) o drwch. Cynheswch badell ffrio (*non-stick*) sydd wedi'i hiro'n ysgafn a choginiwch am 1½ munud ar bob ochr, hyd nes bydd yn ysgafn ac euraid.

Rholiau Hadau

Mae ychwanegu cnau a hadau yn rhoi blas ac ansawdd i'r bara a'r cacennau. Maen nhw hefyd yn ychwanegu maetholynnau (*nutrients*) gwerthfawr. Er enghraifft, yng ngham 3 o'r rysáit ar gyfer paratoi rholiau ar dudalen 122-123, beth am ychwanegu 5 llwy fwrdd o gnau wedi'u malu a hadau yn lle hadau blodau'r haul ar ben y bara.

Myffins Stici Dêt

Mae'r myffins yma yn ysgafn a lysh! Cyfrinach paratoi myffins da ydy osgoi gor-guro'r cytew. Os ydych chi'n gor-guro bydd y myffins yn drwm. Rhowch dro ysgafn i'r gymysgedd gyda llwy bren hyd nes bydd y blawd yn diflannu.

Wyddoch chi?
Dêts neu ddatys ydy ffrwyth y goeden ddatys. Mae'r goeden balmwydd yma yn tyfu hyd at 25 metr (82 troedfedd). Prif gynhyrchydd datys y byd ydy'r Aifft.

Cynhwysion

 siwgr mân

- 200g (7 owns) blawd gwyn neu flawd plaen cyflawn
- 1 llwy fwrdd powdr codi
- 125g (4 owns) siwgr mân
- 1 llwy de sinamon mâl
- ½ llwy de halen
- 125g (4 owns) datys parod i'w bwyta wedi'u sychu a'u torri

 wy

- 1 llwy fwrdd sudd oren
- 175ml llaeth Cymreig
- 1 wy mawr (wedi'i guro'n ysgafn)
- 140g (5 owns) menyn

sinamon mâl

blawd cyflawn

Offer

 cymysgydd

- tun myffin mawr
- rhidyll
- powlen gymysgu fawr
- llwy bren
- prosesydd bwyd neu gymysgydd
- sosban fach
- jwg ● fforc
- rac oeri
- cesys papur

tun myffin mawr

1 Cyngynheswch y popty i wres 200°C (400°F/Nwy 6). Leiniwch y tun myffin gyda'r cesys papur. Rhidyllwch y blawd a'r powdr codi i bowlen.

2 Trowch y siwgr, sinamon a'r halen i mewn i'r blawd a'r powdr codi. Rhowch y datys a'r sudd oren mewn cymysgydd hyd nes bydd y cyfan yn purée llyfn.

3 Toddwch y menyn mewn sosban dros wres isel. Tywalltwch y llaeth i mewn i jwg ac ychwanegu'r wy, y menyn wedi'i doddi a'r purée datys. Curwch yn ysgafn gyda fforc.

Newid Blas!

Gallwch ddefnyddio ffrwythau ffres fel llus, mafon neu fefus yn lle'r datys. Dewis arall fyddai defnyddio ffrwythau wedi'u sychu fel rhesins, ceirios, bricyll, llugaeron (*cranberries*) neu eirin sych/prŵns.

Ffeithiau Bwyd

Datys ydy un o'r ffrwythau hynaf yn y byd – mae pobl wedi bod yn tyfu datys ers tua 6000 Cyn Crist. Maen nhw'n feddal ac yn llawn blas naturiol. Maen nhw hefyd yn ffynhonnell dda o haearn, ffibr a photasiwm yn ogystal â bod yn isel mewn braster.

datys

4 Tywalltwch y gymysgedd ddatys i'r gymysgedd flawd. Cyfunwch y cynhwysion gyda'i gilydd yn ofalus gyda llwy bren hyd nes bydd y blawd wedi ei gymysgu'n dda.

5 Defnyddiwch lwy i roi'r gymysgedd yn y cesys papur. Pobwch am 20 munud hyd nes bydd y myffins wedi codi a brownio. Rhowch ar rac i oeri.

Passion Cêc

Mae'r gacen hon yn hawdd i'w gwneud ac yn andros o flasus! Mae'r moron yn rhoi ansawdd ysgafn a llaith yn ogystal â chynnwys maetholynnau hanfodol.

Syniad da!

I wneud yn siŵr fod y gacen wedi coginio yn iawn rhowch sgiwer metel i mewn i ganol y gacen. Os ydy'r sgiwer yn lân heb unrhyw gymysgedd arno yna mae'r gacen yn barod i'w thynnu o'r popty.

Addurnwch gyda stribedi tenau o groen oren.

Cynhwysion

blawd codi cyflawn

- menyn (ar gyfer iro)
- 125g (4½ owns) blawd codi cyflawn
- 125g (4½ owns) blawd codi gwyn
- 2 lwy de sbeis cymysg mâl
- 250g (9 owns) siwgr muscovado ysgafn

wyau organig

- 250g (9 owns) moron (wedi'u pilio a'u gratio)
- 4 wy organig Cymreig
- 200ml olew blodau'r haul
- 125g (4½ owns) caws hufen (braster isel)
- 1 lwy de fanila
- 5 llwy fwrdd siwgr eisin

Offer

- tun cacen sgwâr – 20cm (8 modfedd)
- papur pobi
- rhidyll
- powlen gymysgu fawr
- llwy bren
- jwg mesur
- sgiwer
- cyllell balet

jwg mesur

rhidyll

1 Cyngynheswch y popty i wres 180°C (350°F/Nwy 4). Irwch dun cacen sgwâr 20cm (8 modfedd) yn ysgafn. Leiniwch y tun gyda phapur pobi.

2 Rhidyllwch y ddau fath o flawd mewn powlen, gan ychwanegu unrhyw fran o'r rhidyll. Trowch y sbeis cymysg, siwgr a'r moron hyd nes bydd y cyfan wedi cyfuno.

3 Torrwch yr wyau i jwg. Defnyddiwch fforc i guro'r cyfan gyda'i gilydd. Yna, tywalltwch yr wyau i mewn i'r bowlen gyda'r gymysgedd flawd.

4 Ychwanegwch yr olew gan droi'r cynhwysion i gyd. Tywalltwch y gymysgedd i mewn i'r tun – defnyddiwch lwy i wneud rhan uchaf y gacen yn llyfn.

Ffeithiau Bwyd

Dydy pob braster ddim yn ddrwg (edrychwch ar tud.14–15). Mae olew llysiau yn fraster annirlawn (unsaturated) sy'n ffynhonnell dda o egni ac sy'n helpu'r corff i amsugno fitaminau.

olew llysiau

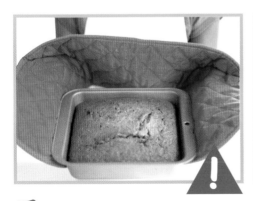

5 Coginiwch y gacen am 50 munud hyd nes y bydd wedi codi a throi'n euraid. Tynnwch allan o'r popty a gadewch i oeri am 10 munud cyn troi'r gacen allan.

6 Rhowch y gacen yn ofalus ar y rac oeri. Rhowch y caws hufen a'r siwgr eisin mewn powlen a'u curo gyda'i gilydd hyd nes byddan nhw'n llyfn a hufennog.

7 Ychwanegwch y fanila. Rhowch yr eisin yn yr oergell am 15 munud i galedu ychydig. Defnyddiwch gyllell balet i roi'r eisin ar y gacen.

Fflapjacs Ffrwythau

Mae fflapjacs traddodiadol yn iachach na sawl pwdin gan eu bod yn cynnwys ceirch. Mae'r fflapjacs yma'n well fyth gan fod yna haen ffrwythau yn y canol.

Wyddoch chi?

Yn yr Unol Daleithiau mae 'flapjack' yn golygu crempog! Does neb yn hollol siŵr o ble mae'r enw wedi dod. Mae sôn amdanyn nhw yn 'Pericles' a ysgrifennwyd gan Shakespeare yn rhan gyntaf yr ail ganrif ar bymtheg.

Cynhwysion

- 225g (8 owns) bricyll sych sy'n barod i'w bwyta
- 2 lwy fwrdd dŵr
- 285g (10 owns) blawd cyflawn
- 150g (5½ owns) ceirch uwd (porridge oats)
- ½ llwy de halen
- 200g (7 owns) menyn di-halen
- 110g (4 owns) siwgr muscovado
- 2 lwy fwrdd triog melyn

siwgr muscovado

menyn di-halen

triog melyn

Offer

- siswrn
- prosesydd bwyd neu gymysgydd
- llwy fwrdd
- powlen gymysgu fawr
- llwy bren
- sosban ganolig
- tun cacen sgwâr – 18cm (7 modfedd)
- papur pobi
- cyllell balet

cyllell balet

tun cacen sgwâr

siswrn

1 Cyngynheswch y popty i wres 200°C (400°F/Nwy 6). Irwch a leiniwch waelod y tun gyda phapur pobi. Ychwanegwch y bricyll a'r dŵr i'r cymysgydd.

2 Cymysgwch y bricyll hyd nes bydd wedi troi'n purée. Rhowch o'r neilltu. Rhowch y blawd, ceirch a'r halen mewn powlen gymysgu a'i droi hyd nes byddan nhw wedi cyfuno.

Ffeithiau Bwyd

Mae ceirch a bricyll sych yn uchel mewn ffibr hydawdd sy'n helpu'r corff i reoli lefelau siwgr yn y gwaed. Maen nhw hefyd yn effeithiol mewn cynnal egni'r corff. Mae bricyll sych hefyd yn ffynhonnell dda o haearn sydd eto yn rhoi nerth i'r corff.

ceirch

bricyll sych

3 Toddwch y menyn, siwgr a'r triog mewn sosban dros wres isel. Trowch y gymysgedd yn achlysurol hyd nes bydd y menyn wedi toddi'n llwyr.

4 Tywalltwch y gymysgedd fenyn i'r bowlen gymysgu sy'n cynnwys y blawd, ceirch a'r siwgr. Trowch hyd nes bydd y cyfan wedi cyfuno i greu cymysgedd ludiog.

Newid Blas!

Gallwch ddefnyddio purée ffrwythau ffres yn lle'r ffrwythau sych. Mae mafon, eirin, llus neu fwyar duon yn blasu'n fendigedig! (tud. 86.)

5 Rhowch hanner y gymysgedd ar waelod y tun gan ffurfio haen lyfn. Yn ofalus, gwasgarwch y purée bricyll dros yr haen o geirch.

6 Gwasgwch weddill y gymysgedd o geirch dros y purée bricyll. Pobwch am 25-30 munud neu hyd nes bydd y fflapjacs yn euraid ar y top.

7 Tynnwch allan o'r popty a gadewch i oeri am 5 munud. Torrwch y fflapjacs yn sgwariau a'u gadael i oeri cyn eu troi allan o'r tun.

Cwcis Cnau a Ffrwythau

Mae'r cwcis blasus yma yn llawn cynhwysion sy'n rhoi egni i chi fel ceirch, ffrwythau sych a chnau. Mae'r cwcis yma yn llawer iachach na'r rhai rydych chi'n eu prynu yn y siop – maen nhw'n fwy blasus hefyd!

⚠️ Peidiwch â chynnwys cnau os oes rhywun yn dioddef o alergedd cnau. Mae'r rysáit yr un mor llwyddiannus heb ddefnyddio'r cnau.

Cynhwysion

llugaeron (cranberries)

- 75g (2¾ owns) bricyll sych
- 100g (3½ owns) blawd (cyflawn neu gwyn)
- 60g (2 owns) ceirch cyfan (porridge oats)
- 50g (1¾ owns) cnau cyll wedi'u malu (dewisol)
- 125g (4½ owns) menyn di-halen
- 75g (2¾ owns) siwgr brown ysgafn
- 2 lwy fwrdd mêl sy'n llifo

bricyll

mêl

rhesins

Offer

- 2 dun pobi
- siswrn
- powlen gymysgu
- llwy bren
- cyllell finiog
- sosban fach
- llwy bwdin
- rac oeri

siswrn

114

1 Cyngynheswch y popty i wres 180°C (350°F/Nwy 4). Irwch y tun goginio gyda menyn. Torrwch y bricyll yn ddarnau bach a rhowch nhw mewn powlen gymysgu.

2 Ychwanegwch y blawd, y ceirch, a'r cnau cyll i'r bowlen. Cymysgwch gyda'i gilydd gyda llwy bren.

3 Torrwch y menyn yn ddarnau bach. Rhowch y siwgr a'r mêl yn y sosban. Cynheswch nhw ar wres isel. Trowch gyda llwy bren hyd nes bydd y menyn a'r siwgr wedi toddi.

Newid Blas!

Gallwch ddefnyddio ceirios, rhesins, llugaeron, eirin gwlanog neu ddatys yn lle bricyll. Gallwch hefyd ddefnyddio cnau eraill fel cnau Ffrengig yn lle cnau cyll.

4 Ychwanegwch y gymysgedd fenyn i'r bowlen a'u cymysgu yn dda. Rhowch 5 llwy bwdin o'r toes ar y tun pobi. Gadewch le gwag rhwng pob un.

5 Gyda llwy siapiwch y cwcis fel eu bod tua 5cm (2 fodfedd) mewn diamedr a thua 1cm (½ modfedd) o drwch. Pobwch am 15 munud neu hyd nes y byddan nhw'n lliw euraid.

6 Tynnwch y ddau dun pobi o'r popty a'u gadael i oeri ychydig. Yna, rhowch y cwcis ar y rac oeri.

Ffeithiau Bwyd

Mae blawd yn cael ei gynhyrchu drwy falu grawn fel gwenith. Mae blawd cyflawn yn cael ei baratoi drwy falu'r grawn cyfan gyda dim wedi'i dynnu ohono na dim wedi'i ychwanegu ato. Ceir mwy o ffibr a fitamin B mewn blawd cyflawn na blawd gwyn. Mae blawd gwyn wedi'i brosesu mwy gan adael tua 75% o'r grawn yn weddill. Mae fitaminau B yn hanfodol ar gyfer cynhyrchu egni tra mae'r ffibr yn helpu'r corff i dreulio bwyd yn fwy effeithiol.

gwenith

Pastai Ceirios ac Afal

Mae ceirios ac afal yn cael eu defnyddio yma i greu pwdin braf sy'n amrywiad o bwdin o'r Unol Daleithiau. Mae'r bastai yn wahanol gan nad ydy hi yn cael ei choginio mewn dysgl – ac mae'r ymylon yn cael eu tynnu at ei gilydd o gwmpas y ffrwythau.

Syniad da!

Mae almon mâl, semolina a polenta yn help i sugno'r sudd o'r ffrwythau ac yn cadw'r crwst yn sych. Mae almon mâl hefyd yn ychwanegu at y blas. Cofiwch osgoi'r dewis hwn os oes rhywun yn dioddef o alergedd i gnau – dewiswch semolina neu polenta mân.

afalau bwyta

Cynhwysion

- 75g (2½ owns) menyn di-halen (+ ychydig mwy ar gyfer sgleinio)
- 2 lwy fwrdd siwgr mân
- 1 wy mawr (wedi'i guro'n ysgafn)
- 220g (7½ owns) blawd plaen (+ ychydig mwy ar gyfer sgeintio'r bastai)
- 1 llwy fwrdd dŵr

Llenwad

- 2 lwy fwrdd siwgr mân
- 300g (10½ owns) ceirios tun wedi tynnu'r cerrig
- 2 afal bwyta
- 50g almon mâl, semolina neu polenta mân

Sgleinio

- 1 wy mawr Cymreig (wedi'i guro'n ysgafn)

Offer

- 2 dun pobi mawr
- papur pobi
- siswrn
- powlen gymysgu
- prosesydd bwyd neu gymysgydd
- cling ffilm
- rhidyll
- piliwr llysiau
- rholbren

cling ffilm

prosesydd bwyd

1 Leiniwch y tuniau pobi. Rhowch y menyn, 75g (3 owns) o'r siwgr ac 1 wy mewn prosesydd bwyd a'u prosesu hyd nes bydd y cyfan yn llyfn a hufennog.

2 Ychwanegwch y blawd ac 1 llwy fwrdd o ddŵr i'r prosesydd. Proseswch hyd nes bydd y cyfan yn ffurfio pêl. (Bydd y crwst yn weddol feddal.)

3 Trowch y toes allan ar y bwrdd sydd wedi'i orchuddio'n ysgafn gyda blawd a'i wneud yn bêl lyfn. Gorchuddiwch gyda cling ffilm a'i oeri am 30 munud.

4 Cyngynheswch y popty i wres 200°C (400°F/Nwy 6). Tra bod y crwst yn oeri, gwagiwch y sudd o'r ceirios trwy ridyll a'u cymysgu gyda'r afalau, siwgr a'r cnau almon.

Ffeithiau Bwyd

Mae ceirios tun yn cael eu defnyddio yn y rysáit yma gan fod ceirios ffres ddim ond ar gael fel arfer yng Nghymru yn ystod yr haf. Dewiswch geirios mewn sudd naturiol yn lle'r rhai sy'n cynnwys siwgr ychwanegol neu syrup.

ceirios tun

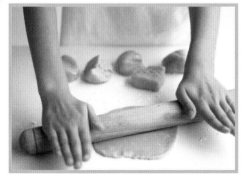

5 Rhannwch y crwst yn 6 darn. Ar fwrdd wedi'i orchuddio'n ysgafn gyda blawd rholiwch y crwst yn gylchoedd tenau tua 13cm (5 modfedd) mewn diamedr. Rhowch nhw ar y tun pobi.

6 Brwshiwch y crwst gyda'r wy a'i ysgeintio gyda'r cnau almon. Ychwanegwch y ffrwythau gan adael tua 2.5 cm (1 modfedd) o amgylch yr ochr. Tynnwch yr ymylon tua'r canol i wneud pastai agored.

7 Brwsiwch ochr allan y bastai gydag wy. Rhowch ddarn bach o fenyn ar ben y ffrwythau. Pobwch am 25 munud neu hyd nes bydd y crwst yn lliw euraid.

Bara Soda Rhesin

Mae gwneud bara soda yn brofiad gwych i rywun sydd heb wneud bara o'r blaen. Dydy'r bara yma ddim yn cynnwys burum. Nid oes angen cymaint o dylino arno chwaith o'i gymharu â bara cyffredin.
Mae'n fara blasus iawn.

Os ydy'r toes yn rhy sych yng ngham 4 yr ychwanegwch ychydig o laeth enwyn.

Syniad da!

Os nad ydych chi'n gallu prynu llaeth enwyn (*buttermilk*) yna defnyddiwch yr un faint o iogwrt naturiol braster isel neu laeth wedi'i gyfuno gydag 1 llwy fwrdd o sudd lemon.

Cynhwysion

- 200g (7 owns) blawd cyflawn plaen
- 200g (7 owns) blawd plaen gwyn (+ ychwanegol ar gyfer sgeintio)
- 1 llwy de halen
- 1 llwy de soda pobi
- 50g (2 owns) ceirch cyflawn (porridge oats)
- 1 llwy fawr lawn siwgr mân
- 125g (4½ owns) rhesins
- 1 wy (wedi'i guro'n ysgafn)
- 300–350ml llaeth enwyn

Offer

- tun pobi
- rhidyll
- jwg
- powlen gymysgu fawr
- llwy bren
- cyllell

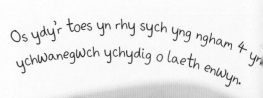

llwy bren

rhesins

blawd cyflawn plaen

powlen gymysgu fawr

Ffeithiau Bwyd

Yn draddodiadol, llaeth enwyn ydy'r hyn sydd ar ôl wedi i'r hufen gael ei dynnu wrth wneud menyn. Mae'n isel mewn braster. Mae'n cael ei ddefnyddio'n aml i wneud crempog a sgons yn ogystal â bara soda. Pryd mae'r llaeth enwyn yn cael ei gyfuno gyda'r soda pobi mae'n ymddwyn fel powdr codi. Cofiwch, os ydych chi'n methu cael gafael ar laeth enwyn yna mae iogwrt naturiol yn ddewis da iawn.

llaeth enwyn

Newid Blas!

Gallwch ddefnyddio datys, llugaeron neu geirios wedi'u torri yn lle'r rhesins – gallwch ddefnyddio mwy nag un math os ydych chi eisiau arbrofi!

1 Cyngynheswch y popty i wres 200°C (400°F/Nwy 6). Ysgeintiwch y tun pobi gydag ychydig o flawd – bydd hyn yn rhwystro'r dorth rhag glynu wrth y tun.

2 Rhidyllwch y blawd cyflawn a'r blawd gwyn, halen a soda pobi a'u rhoi mewn powlen gymysgu. Os oes bran ar ôl yna rhowch y cyfan yn ôl yn y bowlen.

3 Ychwanegwch y ceirch, siwgr a'r rhesins i'r bowlen a'u troi. Gwnewch dwll yng nghanol y gymysgedd a thywallt y gymysgedd wy a 300ml o laeth enwyn i mewn.

4 Cymysgwch gyda'i gilydd gyda llwy bren. Pan fo'r gymysgedd yn dechrau cyfuno defnyddiwch eich dwylo i greu pelen feddal o does.

5 Rhowch y toes ar fwrdd gydag ychydig flawd arno. Tylinwch y toes hyd nes bydd y toes yn llyfn. Peidiwch â thylino'r toes ormod neu fe fydd yn mynd yn galed.

6 Siapiwch y toes yn gylch fflat, tua 18cm (7 modfedd) o'i amgylch a 4cm (1½ modfedd) o drwch. Rhowch ychydig flawd ar y tun pobi cyn rhoi'r toes arno.

7 Rhidyllwch ychydig mwy o'r blawd. Torrwch groes ddofn bron hyd waelod y toes. Pobwch am 30-35 munud neu hyd nes y bydd wedi codi ac yn euraid.

119

Cacen Banana a Phinafal

Dyma un o'r cacennau mwyaf blasus sydd ar gael! Mae'n ddelfrydol ar gyfer unrhyw achlysur.

Wyddoch chi?

Mae planhigion banana wedi bod yn cael eu tyfu am amser hir iawn. Mae un o'r cofnodion cynharaf yn dyddio'n ôl i'r dyddiau pryd wnaeth Alexander Fawr goncro India a darganfod bananas yn y flwyddyn 327 Cyn Crist!

Cynhwysion

blawd codi cyflawn

bananas

- 125g (4 owns) menyn di-halen, wedi'i dorri yn ddarnau bach (+ ar gyfer iro)
- 5 banana fach (tua 450g/1 pwys wedi'u pilio)
- 75g (3 owns) pinafal sych yn barod-i'w-bwyta
- 175g (6 owns) blawd codi gwyn
- 50g (2 owns) blawd codi cyflawn
- 1 llwy de powdr codi
- pinsied o halen
- 125g (4 owns) siwgr mân heb ei buro
- 2 wy organig Cymreig mawr
- 50g (2 owns) cnau Ffrengig wedi'u torri (dewisol)

wyau organig

Offer

siswrn

- tun torth 900g (2 bwys)
- papur pobi
- powlen fach
- fforc
- siswrn
- rhidyll
- powlen gymysgu fawr
- llwy bren

powlen gymysgu

tun torth

1 Cyngynheswch y popty i wres 180°C (350°F/Nwy 4). Torrwch y papur pobi i ffitio'r tun. Irwch y tun gyda menyn ac yna'i leinio.

2 Rhowch y bananas mewn powlen a'u stwnshio gyda fforc. Torrwch y pinafal yn ddarnau bach. Rhowch y bananas a'r pinafal ar y naill ochr.

Syniad da!

Os ydy'r pinafal yn sych iawn rhowch nhw mewn dŵr poeth i fwydo (*soak*) am tua awr neu hyd nes byddan nhw'n feddal.

3 Rhidyllwch y blawd, powdr codi a'r halen i'r bowlen gymysgu. Trowch ac ychwanegwch fenyn. Rhwbiwch y menyn i'r gymysgedd flawd hyd nes bydd fel briwsion bara mân.

4 Fesul un, torrwch y wyau i bowlen fach. Curwch y wyau yn ysgafn gyda fforc hyd nes bydd y gwynwy a'r melynwy wedi'u cymysgu.

Ffeithiau Bwyd

Mae pinafal yn wych ar gyfer rhywun sydd â stumog sensitif. Mae'r ffrwyth yn cynnwys ensym o'r enw bromelain sy'n wrthlidiol (anti-inflammatory). Mae'n helpu i leihau chwydd ac achosi i berson wella'n gynt wedi cael llawdriniaeth. Hefyd mae pinafal yn helpu'r corff i dreulio bwyd.

pinafal

5 Tywalltwch y wyau wedi'u curo i mewn i bowlen gymysgu, ychwanegwch siwgr, bananas a phinafal a'u cymysgu gyda'i gilydd. Tywalltwch y gymysgedd i mewn i'r tun torth.

6 Gwnewch yn siŵr fod y gymysgedd wedi'i gwasgaru'n gyson. Ychwanegwch gnau Ffrengig. Coginiwch yn y popty am 50 munud hyd nes bydd wedi codi a throi'n euraid.

7 Tynnwch allan o'r popty a'i gosod ar y rac oeri am 10 munud. Tynnwch y gacen allan o'r tun cyn ei thorri a'i gweini.

Rholiau Bara Blodau'r Haul

Does dim byd yn debyg i arogl bara ffres! Y cyfan sydd ei angen arnoch ydy llond llaw o gynhwysion syml i wneud y rholiau bara a'u hadau iachus. Os ydy hi'n well ganddoch chi gallwch wneud un dorth yn lle gwneud rholiau (tud.106).

Newid Blas!

Beth am roi hadau blodau'r haul yn y gymysgedd hefyd? Gallwch ychwanegu'r hadau wrth baratoi'r toes yng ngham 2. Dewis arall fyddai hadau sesame, pwmpen neu hadau'r pabi sy'n blasu'n grêt.

I wneud yn siŵr fod y bara wedi coginio'n iawn, curwch y gwaelod yn ysgafn – os ydy'r gwaelod yn swnio'n wag yna mae'r bara wedi'i goginio'n iawn!

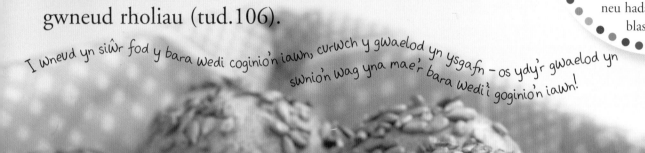

Cynhwysion

- 350ml dŵr cynnes
- 2 lwy de burum sych
- 50g (12 owns) blawd bara gwyn cryf
- 150g (5½ owns) blawd bara cyflawn cryf
- 1½ llwy de halen
- 1 wy Cymreig (wedi'i guro)
- 5 llwy fwrdd hadau blodau'r haul

hadau blodau'r haul

blawd bara cyflawn

Offer

- powlen fach
- powlen gymysgu fawr
- llwy bren neu lwy fwrdd
- tuniau pobi
- brwsh crwst
- jwg

powlen gymysgu

llwy bren

1 Tywalltwch 100ml o ddŵr i bowlen fach. Ychwanegwch ychydig o furum a'i droi hyd nes bydd y cyfan wedi toddi. Rhowch o'r neilltu am 5 munud.

2 Rhowch y ddau fath o flawd gyda'r halen i mewn i bowlen gymysgu fawr a'u cymysgu. Gwnewch dwll mawr yng nghanol y blawd.

3 Tywalltwch y burum a'r rhan fwyaf o'r dŵr sy'n weddill i ganol y gymysgedd a'i droi'n ysgafn. Os oes angen, trowch weddill y dŵr i wneud toes meddal.

4 Trowch y toes allan. Tylinwch am 10 munud hyd nes bydd yn llyfn a sgleiniog. Rhowch y toes mewn powlen lân a'i orchuddio gyda lliain glân.

5 Gadewch i godi am 1½–2 awr hyd nes y bydd tua dwywaith ei faint. Cyngynheswch y popty i wres 220°C (425°F/Nwy 7). Defnyddiwch eich dwrn i leihau'r toes sydd wedi codi.

6 Rhannwch y toes yn 10 darn. Rhowch ychydig flawd ar eich dwylo i siapio'r toes i wneud y rholiau. Gorchuddiwch y rholiau a'u gosod o'r neilltu am 10 munud.

7 Brwshiwch y rholiau gydag wy wedi'i guro a gosod hadau blodau'r haul ar eu pennau. Pobwch am 25-30 munud neu hyd nes byddan nhw wedi codi ac yn euraid.

Ffeithiau Bwyd

Micro-organeb un gell ydy burum sy'n perthyn i deulu'r ffwng. Gallwch brynu burum yn ffres neu wedi'i sychu. Mae'n cael ei ddefnyddio i godi'r toes wrth wneud bara ac i wneud y bara yn ysgafn. Os ydy burum i weithio yna mae'n rhaid cael gwres a gwlybaniaeth.
Mae'r burum yn eplesu gan greu swigod bach iawn o nwy. Mae hyn yn gwneud i'r toes godi a gwneud y bara yn ysgafn a meddal.

burum ffres

Geirfa

Defnyddiwch yr eirfa yma i gasglu gwybodaeth ychwanegol am eiriau a thechnegau coginio sy'n cael eu defnyddio yn y llyfr yma.

A

asidau amino – *amino acids*
Proteinau ydy'r 'blociau adeiladu ar gyfer bywyd' gan eu bod yn angenrheidiol i'r corff i dyfu ac adnewyddu. Mae'r corff yn gallu creu rhai asidau amino ei hunan – ond mae eraill yn dod drwy fwyta.

asid brasterog – *fatty acid*
Prif ran pob braster, er enghraifft, dirlawn ac amlannirlawn (*polyunsaturated*). Mae diffyg cydbwysedd o asidau brasterog yn gallu cynyddu'r risg o glefyd y galon.

B

bacteria llesol – *beneficial bacteria*
Bacteria sy'n byw yn y coluddyn ac sy'n helpu i dorri bwyd yn ogystal ag osgoi bacteria niweidiol rhag cynyddu.

berwi – *boil*
Cynhesu hylif i dymheredd uchel iawn fel ei fod yn rhyddhau stêm.

beta caroten – *beta carotene*
Y sylwedd sy'n rhoi'r lliw oren a melyn i ffrwythau a llysiau o'r lliw yma. Mae'n cael ei newid gan y corff yn fitamin A.

bioflavonoids – *bioflavonoids*
Cyfansoddion sydd i'w gweld mewn ffrwythau a llysiau melys. Maen nhw'n helpu i gadw'r gwaed i lifo.

bran – *bran*
Plisgyn grawnfwydydd sydd wedi cael eu gwahanu oddi wrth y blawd.

braster – *fat*
Grŵp o fwydydd sy'n cynnwys olew a braster caled fel margarin. Gall brasterau fod yn rhai dirlawn (*saturated*) neu annirlawn (*unsaturated*). Mae bwyta gormod o fraster dirlawn yn gallu achosi clefyd y galon. Gall braster annirlawn helpu i osgoi clefyd y galon.

bwyd wedi'i brosesu – *refined food*
Bwyd sydd wedi cael ei brosesu a'i newid. Mae bwydydd grawn cyflawn yn well gan nad ydyn nhw wedi cael eu prosesu.

C

calsiwm – *calcium*
Mwyn hanfodol ar gyfer esgyrn a dannedd iach. Mae hefyd yn helpu'r cyhyrau a'r nerfau i weithio'n effeithiol.

carbohydradau – *carbohydrates*
Bwydydd sy'n cynnwys bwydydd startsh a siwgr. Maen nhw'n cael eu defnyddio gan y corff fel ffynhonnell o egni.

carotenoids – *carotenoids*
Pigment neu liw sy'n debyg i caroten sydd i'w gael mewn rhai bwydydd planhigion.

colesterol – *cholesterol*
Braster sy'n cael ei gynhyrchu'n bennaf yn yr iau/afu. Mae prydau bwyd sy'n uchel mewn colesterol yn creu lefelau uchel o golesterol yn y gwaed. Mae hyn yn cynyddu'r perygl o drawiad ar y galon a strôc.

curo – *beat*
Troi neu gymysgu cynhwysion yn gyflym, mae hefyd yn ychwanegu aer i'r gymysgedd.

cymysgu – *blend*
Dod a'r cynhwysion at ei gilydd drwy ddefnyddio dwylo, cymysgydd neu brosesydd bwyd i greu cymysgedd lyfn neu hylifol.

Ch

chwisg – *whisk*
Dull o gymysgu cynhwysion gyda'i gilydd. Gallwch ddefnyddio fforc neu chwisg i gyfuno'r cynhwysion ac ychwanegu aer.

D

di-flas – *bland*
Disgrifiad o fwyd sy'n brin iawn o flas.

di-fraster – *lean*
Cig sy'n cynnwys ychydig iawn o fraster.

E

ensymau – *enzymes*
Proteinau wedi ei gwneud o asidau amino sy'n gyfrifol am ddechrau adwaith cemegol yn y corff. Mae pob un o'r ensymau hyn â gwaith arbennig, er enghraifft, mae lactase yn gyfrifol am dorri lawr lactose mewn cynhyrchion llaeth.

euraid – *golden*
Lliw brown ysgafn – yr un lliw ag aur.

F

fitamin – *vitamin*
Maetholynnau hanfodol sydd eu hangen ar y corff i weithio'n effeithiol ac i aros yn iach.

fitamin A – *vitamin A*
Enw arall arno ydy retinol. Mae'r fitamin yma yn cadw'r croen yn iach. Mae hefyd yn helpu i wrthsefyll afiechydon drwy gryfhau imiwnedd y corff. Mae hefyd yn helpu'r golwg pryd mae'r golau yn brin.

fitaminau B – *B vitamins*
Grŵp o fitaminau hanfodol sy'n torri i lawr carbohydradau, proteinau a brasterau yn y corff. Maen nhw'n cynnwys thiamin, riboflavin, niacin, B6, asid pantothenig, biotin, asid ffolig a B12.

fitamin C – *vitamin C*
Enw arall arno ydy asid asgorbig. Mae'r fitamin yma yn amddiffyn celloedd y corff yn ogystal â helpu'r corff i amsugno haearn o fwyd.

fitamin D – *vitamin D*
Mae'r fitamin yma yn rheoli faint o galsiwm a ffosfforws sy'n y corff.

fitamin E – *vitamin E*
Gwrthocsidydd sy'n amddiffyn meinwe'r celloedd.

Ff

ffibr – *fibre*
Y deunydd bras, garw mewn bwydydd sy'n helpu'r perfedd yn eu gwaith.

ffosfforws – *phosphorus*
Mwyn hanfodol sy'n cadw celloedd y corff i weithio.

ffrio – *fry*
Coginio bwyd dros wres uniongyrchol mewn padell ffrio neu sosban gan ddefnyddio ychydig o olew.

ffrio dwfn – *deep-fry*
Ffrio mewn sosban arbennig sy'n cynnwys olew fel bod y bwyd yn coginio'n euraid mewn olew dwfn.

ffrio sych – *dry-fry*
Ffrio heb olew na braster.

ffytogemegau – *phytochemicals*
Cemegau sy'n tarddu o blanhigion. Dydyn nhw ddim yn faetholynnau mewn gwirionedd, ond maen nhw'n helpu'r corff i ymladd afiechydon a chadw'n iach.

G

germ – *germ*
Organeb fechan iawn sydd i'w gweld o dan y microsgop yn unig. Mae'n gallu ymosod ar y corff ac achosi afiechyd. Germ ydy firws a bacteria.

gradell – *griddle*
Addas ar gyfer coginio bwyd dros wres. Mae'r radell yn gadael i'r braster lifo mewn i hafnau cul sy'n golygu fod y braster yn llifo i ffwrdd – felly llai o fraster ar y bwyd.

grilio – *grill*
Coginio dan wres mawr. Addas i frownio'r bwyd hefyd.

gwrthgyrff – *antibodies*
Proteinau sy'n cael eu cynhyrchu gan system imiwnedd y corff i ymladd firysau neu facteria.

gwrthlidiol – *anti-inflammatory*
Sylwedd sy'n lleihau llid fel chwyddo, gwres, cochni neu boen.

gwrthocsidydd – *antioxidant*
Fitaminau, mwynau a ffytogemegau sy'n amddiffyn y corff rhag effeithiau andwyol radicalau rhydd – sy'n gallu difrodi celloedd y corff.

H

haearn – *iron*
Mwyn y mae'r corff ei angen i gadw celloedd coch y gwaed yn iach. Os nad ydych chi'n derbyn digon o haearn fydd y gwaed ddim yn cludo ocsigen yn effeithiol i bob rhan o'r corff.

L

lefelau siwgr gwaed – *blood sugar levels*
Y swm o siwgr (glwcos) sy'n y gwaed. Mae diet gwael yn gallu achosi i'r lefelau hyn i godi a disgyn yn rhy gyflym. Mae hyn yn gallu creu penysgafnder neu newidiadau mewn sut ydych chi'n teimlo.

lycopene – *lycopene*
Fitamin gwrthocsidydd sydd yn gyffredin iawn mewn tomatos a rhai ffrwythau coch eraill. Hefyd llysiau fel melon dŵr.

M

maetholynnau – *nutrients*
Cyfansoddion mewn bwyd sy'n cynnal y corff. Maen nhw'n cynnwys proteinau, carbohydradau, brasterau, fitaminau a mwynau.

magnesiwm – *magnesium*
Mwyn hanfodol ar gyfer y corff. Mae'n helpu i reoli curiad y galon, yn cryfhau'r esgyrn a chynnal y nerfau.

marinâd – *marinade*
Cymysgedd o olew a blasau eraill ar gyfer mwydo cig, pysgod neu lysiau cyn coginio.

marinadu – *marinate*
Mwydo cig, pysgod neu lysiau mewn marinâd i greu blas gwell arnyn nhw. Maen nhw hefyd yn cadw'r bwyd yn dyner a gwneud yn siŵr nad ydy'r bwyd yn mynd yn rhy sych.

micro-organeb – *micro organism*
Organeb sydd mor fechan fel bod angen microsgop i'w gweld.

mwynau – *minerals*
Maetholynnau mewn bwyd sy'n hanfodol i gadw'r corff yn iach. Does dim angen gormod ohonyn nhw.

P

plisgyn grawn – *husk*
Haen allanol hedyn neu rawn.

pobi – *bake*
Coginio bwyd mewn popty/ffwrn. Mae'n defnyddio gwres sych (heb ddŵr) ac mae'n brownio ochr allanol y bwyd.

potasiwm – *potassium*
Mwyn hanfodol ar gyfer tyfu ac iechyd da. Mae'n helpu i gadw pwysau gwaed yn normal yn ogystal â gofalu fod y cyhyrau'n gweithio'n iawn.

potsio – *poach*
Coginio'n ysgafn mewn dŵr. Dull cyffredin o goginio wyau a physgod.

powdr codi – *raising agent*
Cael ei ychwanegu at gymysgedd i roi aer neu nwy i mewn i'r bwyd a gwneud iddo godi. Hefyd yn gwneud y bwyd yn ysgafn a fflyfi.

prif fwyd – *staple food*
Y bwydydd sy'n cael eu bwyta amlaf o fewn cymuned o bobl. Bwyd carbohydrad fel arfer fel reis neu datws.

protein – *protein*
Mae i'w gael mewn llysiau ac anifeiliaid. Mae'n helpu'r corff i dyfu a chadw'n iach. Mae protein yn cynnwys darnau bychan sy'n cael eu galw yn asidau amino.

purée – *purée*
Ffrwythau, llysiau, corbys, cig neu bysgod sy'n cael eu cymysgu neu eu hylifo (gyda hylif fel arfer) i wneud cymysgedd hylifol.

Rh

rhidyllu – *sieve*
Rhoi bwyd drwy ridyll sy'n cynnwys tyllau mân. Y pwrpas ydy cael gwared â lympiau neu ddarnau bras.

rhostio – *roast*
Defnyddio gwres uchel i goginio bwyd mewn popty/ffwrn.

S

sauté – *sauté*
Ffrio drwy ddefnyddio olew neu fraster i frownio bwyd.

seleniwm – *selenium*
Mwyn sy'n helpu system imiwnedd y corff. Mae hefyd yn wrthocsidydd sy'n amddiffyn y celloedd.

sinc – *zinc*
Elfen sy'n helpu'r corff i wneud celloedd newydd ac ensymau. Mae hefyd yn prosesu protein, braster a charbohydradau yn ogystal â gwella clwyfau.

sleisio – *slice*
Torri bwyd yn ddarnau tenau neu drwchus gyda chyllell.

system dreulio – *digestive system*
Mae bwyd yn symud drwy nifer o organau yn y corff. Mae'n cynnwys y geg, llwnc, stumog a'r perfedd. Mae'r iau/afu a'r pancreas hefyd yn rhan o'r system dreulio – maen nhw'n rhyddhau cemegau i allu treulio bwyd yn haws.

system imiwnedd – *immune system*
Y corff yn amddiffyn ei hun rhag haint ac afiechydon.

T

tocsin – *toxin*
Sylwedd sy'n cael effaith andwyol ar y corff. Mae'n gallu cyrraedd y corff drwy'r hyn yr ydym ni'n ei fwyta.

toddi – *melt*
Defnyddio gwres i droi solid, fel menyn, yn hylif.

toes – *dough*
Cymysgedd ludiog sy'n cynnwys blawd, hylif a chynhwysion eraill fel arfer. Mae'r gymysgedd yn cael ei thylino a'i siapio i wneud bara, rholiau a chrwst.

tostio – *toast*
Brownio bwyd fel bara trwy ddefnyddio tostiwr, gril neu badell ffrio.

treuliad – *digestion*
Y broses sy'n torri bwyd i lawr yn y corff, fel bod y corff yn gallu tyfu ac adfer ei hun.

trin y tir – *cultivation*
Paratoi'r pridd ar gyfer tyfu cnydau drwy aredig y tir a chael gwared â chwyn.

troi – *stir*
Defnyddio llwy i gymysgu bwyd.

tylino – *knead*
Troi a thrin toes yn eich dwylo i wneud y toes yn haws i'w drin. Mae hefyd yn cryfhau'r glwten (protein) yn y blawd.

Y

ychwanegyn – *additive*
Sylwedd sy'n cael ei ychwanegu at fwyd. Mae'n rhoi lliw, blas neu'n estyn y cyfnod mae'r bwyd ar y silff yn y siop.

Mynegai